GUIDE ANACHRONIQUE DE L'INFINI

Guide anachronique
Dirigé par Anne Bourguignon

Tout ce qui est beau est indéterminé.
Joseph Joubert, *Carnets*

ISSN 2999-0017
EAN 9782363083647

Guillaume Bunel

GUIDE ANACHRONIQUE DE L'INFINI

arléa
16, rue de l'Odéon, 75006 Paris
www.arlea.fr

Une femme retire une chemise, qui laisse voir
une autre chemise, qu'elle retire, qui laisse voir
une autre chemise qu'elle retire, qui laisse voir
une autre chemise qu'elle retire, qui laisse voir
une autre chemise, et le repos de la nudité n'arrive jamais.

Henri Michaux, *La Vie dans les plis*

1 - espaces

échelles

Parfois, lorsque je lis, je me sens absorbé par les pores du papier. Je tombe lentement dans la paroi blanchâtre, sombrant dans ses fibres innombrables. Chaque mot devient immense, chaque lettre est un abîme où mon regard s'enfuit. Les accidents, les creux deviennent des vallées peuplées de créatures bizarres, de proliférations de petits arachnides, de vers ciliés grouillant sur la surface.

J'avance dans ce désert jonché de sombres lacs, je ne sais plus ce que je lis. La page m'apparaît peu à peu comme une steppe immense, le livre un empilement de pays impossibles.

Je lève les yeux et vois tous les objets se cribler d'accidents, se hérisser d'aspérités ignobles. Les choses lacérées dévoilent une confusion de rayures minuscules, une cohue de détails. La cime d'un arbre à travers la fenêtre me semble un étagement de mondes. Je peux compter les pattes des insectes qui grimpent sur l'écorce, et m'engouffrer comme eux dans les bouches des fleurs; me perdre entre les étamines, les poudres délicates, les replis veloutés de duvets minuscules. Puis je peux m'aventurer plus loin et caresser les parois cellulaires, entrer dans ces poches ovoïdes, suivre les plastes dériver dans des humeurs visqueuses.

Perchée dans l'air au-dessus de la page, une poussière en suspension me paraît un grand roc ou un astéroïde, une lune alvéolée qui danserait dans l'air.

Un simple cil ou un cheveu devient

un cure-dents

un pieu

un poteau

un tronc

un immeu

u n   m o

Le moindre objet est une énigme à déchiffrer.

1610 : trois découvertes de Galilée

Alors que pâlissaient les derniers feux du XVIe siècle, on parla d'un outil venu des Pays-Bas, qui abolit l'espace. L'invention d'un inculte, disait-on. Descartes écrit de lui qu'il « n'avoit jamais estudié, [...] mais prenoit particulierement plaisir à faire des miroirs & verres bruslans[1] ».

Dans un traité paru en 1571, Leonard et Thomas Digges décrivent avec stupeur comment il s'introduit partout, révèle des textes invisibles, sort du secret des corps inapparents ; déplie des formes englouties dans des ombres lointaines.

En 1609, Antonio Priuli décrit avec émerveillement comment son regard s'élance dans le vide, se jette du sommet du clocher de Saint-Marc. Comment, perçant les brumes bleues, il voit se ciseler des voûtes, des fenêtres, des moulures et des portes, des nuées de petits poux s'insinuer dans l'église Saint-Jacques de Murano, à quatre kilomètres ; s'embarquer en gondole,

1 René Descartes, *La Dioptrique,* Leyde : Ian Maire, 1637, p. 1-2.

traverser la lagune, grouiller au pied de *palazzi*, de lointains campaniles.

En 1612, Julius Cæsar Lagalla raconte l'éblouissement de lire, depuis le Janicule, à Rome, les inscriptions de monuments antiques situés à plusieurs kilomètres, de déchiffrer sur les frontons austères les lettres hiératiques, et jusqu'aux points gravés entre les lignes.

Le dimanche 25 avril 1610, Galilée Galilée dévoile à une vingtaine d'astronomes et de théologiens, de physiciens et de savants son tube prodigieux. Les vingt barbons manipulent l'outil, en explorent les merveilles, en scrutent les effets sur la terre comme au ciel. Mais l'instrument se contredit sans cesse. Il envoûte les yeux, voile la vérité, mystifie le regard par ses fabulations. Le long cylindre creux défigure les choses, dédouble leurs images. On croit voir une chose : c'est un reflet vibrant, une illusion qui s'évanouit soudain. Le télescope est empli de fantômes.

Les vingt austères concluent unanimement que la lunette ment. Ensorcelé par les irisations, les illusions d'optique, leur malheureux confrère s'était laissé duper. Ils écoutent, l'air morne, les arguments de Galilée. Leur avis est fait. Aucun d'entre eux n'a vu les quatre nouveaux astres[1]. Giovanni Antonio

1 Lettre de Giovanni Antonio Magini à Johannes Kepler, 26 mai 1610.

Magini, célèbre astronome, observe en coin le visage impuissant, décomposé, inquiet de son rival.

Le lendemain, à l'aube, le pauvre Galilée s'en va [1]. Fuyant comme un voleur, il se retire, tête basse, dans le murmure montant des rires et des sarcasmes qui résonnent déjà sous les arches de pierre, envahissent Bologne.

∞

La vue, enseigne Pythagore, est « une vapeur très chaude » émise par les yeux, et qui traverse l'air. Les yeux projettent devant eux des rayons invisibles, comme un faisceau d'aiguilles qui piquent les surfaces.

Lucrèce, au livre IV du *De natura rerum*, décrit un flux d'atomes qui se détache continuellement des choses, s'échappe des surfaces et voltige dans l'air. Une émission perpétuelle de simulacres infimes, qui fusent dans toutes les directions, se croisent autour de nous.

Épicure parle de doubles voyageurs qui sortent des objets en imitant leur forme, nous les font voir en pénétrant nos yeux. On ne sait si l'apparence des choses vient de ces choses mêmes, ou bien des yeux de celui qui regarde.

---

1 Lettre de Martius Horky à Johannes Kepler, 27 avril 1610.

∞

Sous la lumière tremblante, Galilée griffonne. Il observe le ciel, restitue le réseau suspendu de lueurs, la délicate géométrie d'Orion, évaluant les distances à travers la lunette.

Les interstices se criblent d'éclosions. Autour de chaque étoile il en distingue d'autres, autour de celles-ci de nouvelles encore. Il plonge lentement dans un profond puits d'astres. Là où l'œil nu ne voyait que des ombres, des grappes illimitées bourgeonnent peu à peu. Les lignes inaltérées d'Orion se vaporisent en brouillard d'étoiles. Galilée en compte environ quatre-vingts autour des trois de la Ceinture et des six de l'Épée ; plus de cinq cents en tout, dans un rayon d'à peine deux degrés. Les récits historiés de la fresque nocturne éclatent, s'éparpillent.

Galilée écrit, il ne cesse d'écrire. Le ciel sous ses yeux se peuple d'essaims inexorables. Les replis les plus noirs poudroient de lumières infinies. Galilée s'enfonce dans l'effroi de ces saturations, ces ténèbres impossibles. La tâche s'annonce sans fin. Il voit le ciel entier formé de minuscules soleils, comme un désert illimité de feux. Le noir n'existe pas. La nuit entière est formée d'étoiles.

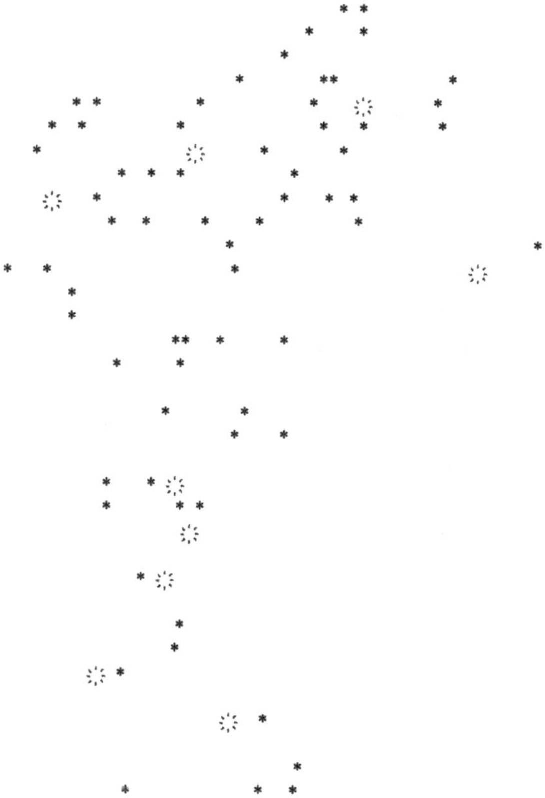

∞

Ce fut probablement la nuit du 15 janvier 1610, dans les ténèbres de l'hiver, un peu avant minuit.

Aux premières heures d'obscurité, Galilée traçait ses lignes d'encre bistre, consignant ses observations dans la langue vulgaire. À mesure que les relevés progressaient sur la page, que les flammes des bougies rongeaient la cire, quelque chose s'affirma. Il y eut un faible éclair.

Quelques heures plus tard, sur le même feuillet[1], la plume de Galilée adoptait le manteau d'apparat des vérités sans âge. L'idiome austère, hiératique; la langue des anciens. Ses grattements hésitants se font paroles éternelles; son brouillon monument de marbre. Il n'écrit plus pour lui. Ses mots scintillent au firmament des sciences.

---

1 Florence, Biblioteca Nazionale Centrale, Ms. Galileo 48, f. 30^{r}-30^{v}.

Depuis trois ou quatre nuits, Galilée cheminait vers de lointains vertiges. Les déplacements qu'il scrutait dans le ciel s'ajustaient peu à peu. Le 15, la certitude apparut sous ses yeux. La grâce l'avait guidé. Un ange silencieux lui révélait quatre points obliques, autour de Jupiter :

*   * *   O   *

Le lendemain, et plusieurs jours de suite, Galilée les observe. Il note que Jupiter est comme emprisonnée dans cette ligne d'étoiles, qui obstinément se déplacent autour d'elle, frôlent ses rétrogradations. Parfois l'une se dérobe, occultée, pour réapparaître la nuit suivante.

Chaque nuit, Galilée relève les positions des quatre corps errants, il note leurs distances. Le onze, il observe ceci :

* *   O

Le douze, cette disposition :

* * O   *

Le treize :

*   O * * *

En quelques jours, l'hypothèse se cristallise. Ces objets inconnus, ces pulsations ne sont ni des planètes ni des étoiles fixes, mais de nouveaux mouvements, d'inconcevables cercles. Autour de Jupiter virevoltent quatre globes, quatre mondes inconnus. Autour de chacun des milliards de soleils qui luisent dans le noir, tournent peut-être aussi des milliards d'autres terres, de cercles emboîtés dans l'ombre. La grande horloge du ciel a des milliards de centres. C'est une ruche illimitée de cycles, un bourdonnement sans nom. Un mécanisme aux milliards de rouages.

∞

Ce fut un météore. Un humble fascicule, un court livret de cinquante-six pages, rédigé en dix jours, qui révélait en peu de mots, pratiquement sans calculs, des abîmes. Nuit après nuit, Galilée décrivait l'empoignade furtive des isthmes lumineux, la lutte impitoyable à la frontière des ombres. Il étudiait minutieusement ces reptations, ces golfes, ces taches étirées sur le croissant lunaire. Il expliquait que ces cercles ombreux, aréoles, arcs sont les vestiges de la géographie lunaire. Des ravins et des plaines, des monts, des littoraux, des cercles de montagnes.

Plutarque affirme que la Lune est une figure humaine, un visage suspendu qui regarde la Terre, Cléarque un miroir qui reflète l'image des océans terrestres. Aristote quant à lui la voit comme une sphère incorruptible et lisse ; glissant dans un milieu parfait de cristaux incassables.

Mais Galilée prouve que la Lune est un globe lépreux, un fruit pourri, un gros caillou râpeux. Elle est une autre Terre, aussi rugueuse et âpre, aussi vertigineuse : un désert montagneux rongé de cataclysmes. Tout le ciel est empli de figures éclopées, d'ébauches aléatoires, de planètes sans fin aux continents déserts. Sous l'ordre immaculé des luminaires célestes, crève un puits béant d'effroi.

∞

Cinquante-cinq ans plus tard, un jeune physicien anglais, Robert Hooke, publie le compte-rendu de ses observations microscopiques. Il remarque notamment que la lame d'un rasoir, pure ligne coupante, apparaît sous le verre comme une montagne décharnée, et la pointe d'une aiguille « obtuse, inégale, & irréguliere, & ressemble à une cheville dont on auroit rompu le bout ». La surface d'un miroir est « pleine de rayes, & composée d'une infinité de corps inégaux qui réflechissent une lumiere de plusieurs couleurs differentes ».

Tous les objets humains, que nos yeux croient parfaits et réguliers, sont imprécis, rugueux et maladroits. Les formes naturelles ou les œuvres divines, au contraire, recèlent des enchâssements de trésors ouvragés, un long chemin de perfection.

Vue de très près, la plus imperceptible tache de moisissure est un somptueux jardin de fleurs étranges :

> Les unes avoient des boutons ronds, & qui sembloient n'estre pas ouverts ; les autres estoient à demy épanoüies ; quelques-unes estoient tout à fait fleuries ; & il y en avoit dont le bout paroissoit estre rompu, comme si elles eussent commencé à défleurir [...]. Leurs tiges étaient rouges, longues, cylindriques, & transparentes. [1]

Les moindres insectes, simples poussières à l'œil nu, déploient des splendeurs d'yeux multiples, de griffes et de dards, de « couronnes, d'aigrettes, & d'autres ajustemens sur leurs têtes, qui efface[nt] tout ce que le luxe des hommes peut inventer » ; ils ont « des jambes & des pieds, des os dans ces jambes pour les soûtenir, des muscles pour les remuër, des tendons & une infinité de fibres dans chaque muscle[2] », de petites épines, des pinces minuscules, et à l'intérieur de ces pinces des articulations, des détails infimes ; d'autres détails encore à l'intérieur de ces détails.

Les grains d'une poignée de sable révèlent un chaos de conques spiralaires, de mollusques inouïs, d'amibes fantastiques.

---

1 *Journal des scavants*, 20 décembre 1666, p. 491-501.

2 Nicolas Malebranche, *De la Recherche de la vérité*, vol. 1 : André Pralard, 1674, livre 1, ch. 6.

À l'aide d'un microscope on trouve dans la poudre de fromage, & dans le fromage même une infinité d'animaux agréablement colorés, qui ont des yeux noirs fort grands & très-clairs, des ongles aux pieds, des cornes à la tête, & trois pointes remarquables dans leur queue. On remarque dans le lait, dans le vinaigre, & dans les fruits, qui ayant été gardés quelque tems, sont prêts à se corrompre, des animaux qui sont faits comme des vers & des serpens. On trouve dans le nez de plusieurs hommes des vers qui ont la tête noire, & qui ressemblent à des lezards, & à des araignées.[1]

1 Jacques Ozanam, *Récréations mathématiques et physiques,* vol. 2 : Jean Jombert, 1694, problème IV, p. 162.

Les visages des humains, leurs peaux se lacèrent de crevasses, se fendent, se boursouflent. Sous l'œil d'une lentille, un objet disparaît. À sa place, on voit des choses impossibles, des pays inquiétants. Notre univers est un jardin cerné de mystères, une terre insulaire encerclée d'infini.

l'inexistence des objets

Je lui veux peindre l'immensité [...]
dans l'enceinte de ce raccourci d'atome.

Blaise Pascal, *Pensées*

L'homme, murmure Blaise Pascal, est suspendu entre deux infinis.

Pour mon anniversaire, j'avais reçu de mes parents un petit microscope. Je me souviens de tentatives peu concluantes pour observer mes doigts, quelques cailloux, des herbes, des morceaux de papier ou des rognures de gomme, et l'instrument fut bientôt remisé dans l'armoire. Je n'ai pas oublié pourtant le sentiment d'effroi que m'avaient procuré les photos sur la boîte. Il y avait là d'humbles cheveux devenus d'énormes haubans cylindriques, dentelés d'écailles irrégulières ; un épiderme désertique, pierreux et tourmenté, cisaillé de canyons, qu'on devinait peuplé d'une faune abominable d'acariens.

Le monde flottant des objets familiers devenait un empilement de formes exotiques : nuées de petits dards et forêts prismatiques. Les objets qu'on y découvrait n'avaient aucun rapport avec ceux qui les contenaient.

L'image d'un objet recelait d'autres images, lesquelles recelaient à leur tour d'autres tunnels aberrants qui se contenaient l'un l'autre. Plus rien n'était banal. Je sombrais dans l'infime.

Depuis, je m'enfonce parfois dans ces cercles dantesques. Sitôt que je regarde un tissu ou un meuble, un livre ou un bibelot, les surfaces s'émiettent, les contours se défont.

Partout s'ouvrent des portes qui multiplient sans fin leurs paliers mystérieux, ciselant le chaos de chambres minuscules. Plus je m'avance et plus elles sont immenses.

Les objets sont des perspectives, des visions de l'esprit ; des rideaux de mirages, cachant d'autres rideaux de plus en plus lointains, qui cachent à jamais la nudité du monde.

Ces étendues bizarres mènent une vie parallèle à la nôtre, persistent sans discontinuer. Elles vivent dans les plis de notre peau, avec leurs propres lois physiques, leurs propres habitants étranges et monstrueux, leur propre temps, leurs propres cataclysmes.

Les univers coexistants, vertige de science-fiction, prophétie de physique théorique, sont une réalité.

∞

Il n'y a pas d'objets, mais un enchâssement de leurres. Vue d'un certain endroit, écrit André Breton, l'enseigne d'un hôtel de Pourville paraît indiquer ROUGE ; et d'un autre, POLICE. Une gravure d'une « dame au gant », vue d'un côté représente un tigre ; d'un autre, un vase ; d'un autre encore, un ange.

∞

Plusieurs fictions de Borges mettent en scène un infini condensé en un point. Dans *Le Miroir et le Masque*, et *Undr*, il est question de grandioses épopées nordiques qui ne contiennent qu'un mot. Dans *L'Aleph*, l'auteur parle d'« un point de l'espace où se trouvent tous les points ». Dans *Le Livre de sable*, d'un livre aux pages illimitées, qui s'ouvre chaque fois sur une page inédite, une page que l'on n'a jamais vue et que l'on ne reverra jamais.

miroirs

Enfant, ma mère m'emmenait retrouver ses amies dans un café recouvert de miroirs, où je me morfondais. Pour occuper ces heures qui me semblaient des jours, me soustraire à l'ennui de leurs conversations, je fixais mon reflet. Un second miroir derrière moi, qui reflétait ma nuque, projetait son image sous le premier reflet. Les nuques et les faces alternées déviaient jusqu'au mur.

Je ne voyais que quelques-uns de ces doubles emboîtés, descendant par degrés, se perdant dans la brume, mais l'implacable gradation suffisait à me faire pressentir que tout se poursuivait. Les deux miroirs formaient un édifice où je pouvais entrer, comme un couloir vertigineux qui se copiait sans fin, où je pouvais m'enfuir. Un espace mental, fait d'ombres décuplées ; un lieu inexistant, optique, dont l'étirement inépuisable et symétrique paraissait à la fois merveilleux, abyssal et terrible.

Depuis, j'en ai retrouvé des avatars dans des palais baroques, des ascenseurs, des salons de coiffure, des cabines d'essayage ou des couloirs d'hôtel. J'ai vu mes doubles s'y multiplier, s'y décliner en hordes inéluctables, parfaitement alignées, parodiant mes plus légères mimiques.

Discrètement, croyant qu'ainsi ma mère
ne remarquerait rien, je penchais légèrement la tête,
de sorte à aligner exactement mes millions de têtes
afin que la première me cache toutes les autres,
bouche le tube illimité de têtes.
Puis me tournant un peu, je voyais le tuyau se recourber,
les reflets se décaler comme les anneaux
d'un ver ou d'un serpent.
J'observais mes reflets embusqués les uns derrière
les autres, les séries d'yeux à l'intérieur des yeux.
Mon regard sombrait lentement dans l'escalier d'images.
Je pressentais que je pouvais m'enfoncer très loin,
plonger dans le vertige, dans ce puits de répliques,
descendre sans trouver d'issue. Tomber d'une chute immobile,
dégringoler des précipices de plus en plus infimes.
Je pouvais perdre tout repère, oublier où se trouvait mon corps,
me perdre longuement dans ces spirales indéfinies,
parmi cette armée d'yeux brisés
jusqu'à l'imperceptible.

la répétition du même

Tout ce qui est dans les livres révélés se trouve dans le Coran, tout ce qui est dans le Coran se trouve dans la Fâtihah [premier chapitre du Coran], tout ce qui est dans la Fâtihah se trouve dans Bismi'Llâhi'r-Rahmâni'r-Râhim [premier verset du Coran] ; tout ce qui est dans Bismi'Llâhi'r-Rahmâni'r-Râhim se trouve dans la lettre bâ', elle-même contenue dans le point qui est au-dessous d'elle.

Cheikh Ahmad al-'Alawi,
Le Livre du prototype unique

On peut voir l'infini dans les objets les plus triviaux. Le célèbre logo d'une marque de fromage montre une tête de vache rouge, affublée de boucles d'oreilles contenant l'image de la même vache, qui à son tour porte des boucles d'oreilles figurant la même vache, qui elle-même porte des boucles d'oreilles figurant la même vache, ainsi de suite à l'infini.

Dans un passage de *L'Âge d'homme*, Michel Leiris parle d'« une boîte de cacao de marque hollandaise », ornée d'une infirmière en coiffe de dentelle, qui tient dans sa main une boîte identique, laquelle représentait une image identique, ainsi de suite à l'infini.

Les vagues sont formées de petites vagues, subdivisées en vagues. Chaque branche d'arbre est à son tour un petit arbre.

> Un grain de sel marin est un cube composé d'une infinité d'autres cubes ; ces petits cubes sont eux-mêmes formés d'autres cubes, et l'on ne peut guère douter que les parties primitives de ce sel ne soient aussi des cubes d'une petitesse qui échappe à nos yeux, et à notre imagination.[1]

Buffon, le grand naturaliste, explique la reproduction des êtres vivants par la croissance des doubles miniatures qu'ils portent à l'intérieur d'eux-mêmes.

> La graine produit d'abord un petit arbre qu'elle contenait en raccourci ; au sommet de cet arbre il se forme un bouton qui contient le petit arbre de l'année suivante ; puis au sommet de celui-ci se forme le bouton qui contient l'arbre de la troisième année.

---

1 Pour cette citation et les suivantes : Georges-Louis Leclerc (comte de Buffon), *Histoire naturelle*, vol. 2, Paris : Imprimerie Royale, 1749, ch. II.

L'arbre contient une forêt de copies de lui-même. Un polype, un ver, un grouillement de vers et de polypes. Dans un unique pépin de pomme, s'entrelacent des pommiers, des pommes, et des semences de pommiers pour des siècles infinis [1].

> La graine contient non seulement l'arbre qui va croître d'elle, tous ses bourgeons, toutes ses branches, mais également toutes les graines engendrées de celle-ci, tous les arbres à venir, tous les individus, et les graines des graines, et toute la suite d'individus jusqu'à la destruction de l'espèce [...]. La première graine contenait toutes les plantes de son espèce qui ont jamais été, et qui seront à jamais ; le premier homme contenait tous les hommes qui ont paru et paraîtront sur Terre.

Selon cette théorie, les corps de tous les animaux préexistent les uns à l'intérieur des autres, recroquevillés dans des spirales d'œufs de plus en plus infimes. L'humanité entière a été dessinée depuis la Création. Les tout premiers humains contenaient en eux les silhouettes pliées de la totalité des humains à venir. Selon les pages lumineuses de *L'Encyclopédie*, ces « petites statues renfermées les unes dans les autres [2] » formaient un puits de milliards de corps creux.

---

1 Nicolas Malebranche, *op. cit.*, p. 23.

2 Arnulphe d'Aumont, « Génération », in Denis Diderot, Jean Le Rond D'Alembert, *Encyclopédie*, vol. 7, Paris : Briasson, David l'aîné, Le Breton, Durand, 1757, p. 559-574, ici p. 564.

∞

L'univers est un subtil emboîtement d'analogies.

Si l'on en croit quelques antiquaires modernes, le sol de l'Égypte ne fut qu'une vaste carte, où la distribution des villes représentait les constellations célestes. [1]

Cette conception atteint un raffinement particulier dans la thèse grecque des homéoméries (ὁμοιομέρεια). Selon Anaxagore, les os sont composés de petits os ; les organes, d'organes. La terre est un amas de mille terres entassées, le feu un amas de feu, l'eau un amas d'eau, et tous les êtres ainsi [2]. Les corps ne sont que la répétition indéfinie d'eux-mêmes.

L'écho de cette idée perdure jusqu'à Leibniz, qui écrit que chaque grain de matière est un jardin de plantes, un étang grouillant de poissons ; et que chaque rameau de la plante, chaque goutte des humeurs du poisson est à son tour un tel jardin, ou un semblable étang.

Dans l'air, dans l'eau ou dans la viande dont se nourrissent les animaux, dans les plantes qu'ils absorbent, gît une luxuriance de doubles. La terre, l'eau, l'air pullulent de ces petits modèles, ces poudres de

1 Nicolas Catinat, *Mémoires et correspondance*, vol. 1, éd. Bernard Le Bouyer de St Gervais, Paris : Jeunehomme-Crémière, 1819, p. 27-28.

2 Lucrèce, *De la nature des choses*, trad. M. Nisard, Paris : Firmin Didot, 1868, livre I, 830-920, p. 16-17.

détails, ces petits archétypes. De minuscules êtres, de minuscules organes sont enfouis dans le sol, disséminés dans l'air. Le monde est fait d'un sable de moutons, de chiens, de bœufs, ou d'arbres, de la taille d'atomes. Les animaux, les plantes grandissent en les agglomérant, déployant cette trame de mailles identiques.

∞

Certains récits se répètent à l'intérieur d'eux-mêmes. Dans une nuit des *Mille et une nuits*, Shéhérazade raconte l'histoire des *Mille et une nuits*.

Dans *Les Enfants du limon*, de Raymond Queneau, un personnage remet les résultats de ses recherches à un jeune écrivain nommé Raymond Queneau, qui les intégrera à un roman : *Les Enfants du limon*.

André Gide compare le procédé à un petit miroir qui refléterait, comme dans certains tableaux de Hans Memling ou de Quentin Metsys, l'intérieur de la pièce où se joue la scène peinte[1].

---

1 Voir aussi Jorge Luis Borges, « Magies partielles du Quichotte », *Autres inquisitions*, dans *Œuvres complètes*, vol. 1, éd. Jean-Pierre Bernès, Paris : Gallimard, La Pléiade, 1993, p. 706-709.

1783 : la nature de l'eau

Deux silhouettes conversent, gravées dans *L'Encyclopédie*. Deux gentilshommes au maintien raffiné, en bas de soie et redingote, perruque et souliers à talons, figés dans des postures quasi chorégraphiques, sculpturales, classiques. Une poignée d'assistants s'empressent autour d'eux, dévoués aux tâches subalternes, maniant tout un bestiaire de panses, de cornues, d'estomacs, de fourneaux et de cuves, de soufflets, de tonneaux.

Des jours, des semaines entières, ils parachèvent l'orfèvrerie de tubulures, de caisses pneumatiques et de cloches de verre, prodigieux fatras de vaisseaux translucides. Ils emprisonnent des vents qui se ressemblent tous. Ils gardent ces corps purs, alignent des rangées de précieux ballons emplis de transparences. Ils scellent les flacons, les tubes, les bouteilles, lutent les ouvertures, les jointures des tuyaux, vérifient les ajutoirs de cuivre, les robinets de mélange des gaz, les longs tubes de cuir. C'est un affairement constant de soins, de corrections, d'épreuves, d'interminables précautions pour ne pas laisser fuir ces corps qui glissent entre les doigts, qui s'insinuent par le moindre orifice – sifflements sans forme, sans consistance ni couleur, fluides qui s'échappent, filent, se mêlent à l'air.

> Quinze jours ou trois semaines suffisent à peine pour ces préparatifs, même en s'en occupant presque continuellement. Ce n'est que lorsqu'ils sont entièrement achevés qu'on pourra commencer la combustion, laquelle exige encore deux ou trois jours d'un travail très-actif, sans parler des pesées, des réductions et de tous les calculs.[1]

1 Pierre-Simon Laplace, Antoine Lavoisier, « Mémoire contenant les expériences faites sur la chaleur pendant l'hiver de 1783 à 1784 », in Antoine Lavoisier, *Œuvres*, vol. 2, Paris : Imprimerie impériale, 1862, p. 727-728.

On unit les deux airs en proportion. Une flamme orangée, fusant parfois de bleu, infuse le mélange, produit une lente altération : on ne touche plus à rien. Une négligence suffirait à fausser le réseau de mesures, les débits et les pertes, la minutie des protocoles. En un instant, les chimistes perdraient des journées de travail, le résultat de ces peines insensées.

On se tait, on attend. Ne sachant quelles torsions émeuvent la matière, quelles liaisons s'opèrent dans le secret des fluides, on surveille la flamme. Dès les premiers instants, les parois de la cloche se voilent de vapeurs : bientôt les buées se rassemblent en gouttes, ruissellent de toutes parts et couvrent la surface. Quelque chose est en train de muer. Des volumes d'air énormes n'engendrent que cette eau qu'on voit couler sans fin, aussi pure que de l'eau distillée.

> Elle ne rougissait nullement la teinture de tournesol ; elle ne verdissait pas le sirop de violettes ; elle ne précipitait pas l'eau de chaux ; enfin, par tous les réactifs connus, on ne put y découvrir le moindre indice de mélange.[1]

Ils admirent longuement ce qu'ils ont révélé. Ils ont levé le voile, les airs se sont liquéfiés.

---

1 Jean-Baptiste Meusnier, Antoine Lavoisier, « Mémoire dans lequel on a pour objet de prouver que l'eau n'est point une substance simple [1783] », *ibid.*, p. 338-339.

∞

Depuis l'Antiquité, quatre dieux agités, quatre orages mobiles, quatre éléments soutenaient l'univers[1]. Ils façonnaient les plantes et les minéraux, érigeaient des monts, sculptaient des paysages ; tressaient les corps des animaux. Leurs mouvants équilibres engendraient les textures, les pelages, les peaux. Ces racines sont en train de céder, d'autres dieux les menacent.

Des événements inexplicables se produisent : des rumeurs se répandent en Europe, dans les salons et les académies.

L'anglais Robert Boyle affirme avoir distillé deux cents fois le même volume d'eau dans le même alambic, et obtenu, à terme, six dragmes insipides de poudre minérale, insoluble dans l'eau. Il en conclut que l'eau peut se changer en terre.

Jean-Baptiste Van Helmont avait planté, dans un vase plein de terre, un saule de cinq livres. Au bout de cinq années, le saule avait grossi de cent-soixante-quatre livres. La terre n'avait pas perdu de poids : l'énorme accroissement de bois, d'écorce et de racines provenait par conséquent de la transmutation de l'eau.

1 Diogène Laërce, *Vies et doctrines des philosophes*, trad. sous la direction de Marie-Odile Goulet-Cazé, Paris, 1999, livre IX, 2, p. 1001.

Certains métaux ou plantes fixent de l'air sous une forme solide. Ils l'absorbent, l'aspirent, le font durcir à l'intérieur d'eux-mêmes. Cet air est libéré par la combustion, ou par la destruction des corps[1]. Du feu solidifié se niche dans les choses. Une matière de feu temporairement éteinte, abritée par le bois, le papier, les métaux, par les corps combustibles. « Le soufre, écrivait déjà Pline, renferme une abondance de feu.[2] »

Tâtonnant sur de lourdes paillasses, dans le secret de chambres enfumées, les chimistes conduisent leur analyse obscure. Tous les signes sont là : pourtant ils ne voient pas. Ils ne *peuvent* pas voir, trompés par leurs préconceptions. Ils ont compris que l'air est un arbre complexe. Un étrange buisson de noms multipliés : air vital, air du feu, air empiréal, air de vitriol, air déphlogistiqué… Une taxinomie de transparences. Ces airs sont-ils des corps distincts, ou les formes altérées d'un même corps « plus ou moins mélangé, plus ou moins altéré par l'union de différentes substances qu'il est susceptible de dissoudre[3] » ?

1 « Premier mémoire sur la nature de l'eau », *Histoire de l'Académie royale des sciences*, Paris : Imprimerie royale, 1773, p. 73-82, ici p. 79.

2 Pline l'Ancien, *Histoire naturelle*, trad. Stéphane Schmidt, Paris : Gallimard, La Pléiade, 2013, livre XXXV, ch. L, p. 1634-1635.

3 Jean-Baptiste Meusnier, Antoine Lavoisier, « Mémoire dans lequel on a pour objet de prouver que l'eau n'est point une substance simple [1783] », in Antoine Lavoisier, *op. cit.*, p. 334.

Priestley, Monge et Cavendish supposent que certains airs doivent être formés d'eau. Becher admet l'existence de trois sortes de terre, dont la combinaison engendre les métaux. Van Helmont considère que le feu n'est qu'« une fumée allumée ». Il soutient que

> tous les corps opaques ou transparents, solides ou liquides, semblables ou dissemblables (comme la pierre, le soufre, le métal, le miel, la cire, l'huile, l'os, le cerveau, le cartilage, le bois, l'écorce, les feuilles, etc.) ne sont formés que d'eau.[1]

Il faudra s'égarer dans des forêts de doutes. Persévérer des décennies avant de pressentir un miroitement lointain. Le monde n'a pas changé, mais *eux* sont en train de changer.

∞

Antoine Lavoisier, le célèbre chimiste, a soutenu l'invraisemblance : il l'a faite imprimer, l'a soumise à la sagacité de parterres de confrères, devant l'autorité de l'Académie des sciences ; et même devant le roi. Il a pensé, avec acharnement, que l'eau résultait de l'union de deux souffles. Que cette transparence attirée vers le sol, cette pâte alanguie, était engendrée par deux airs.

---

1 Jean-Baptiste Van Helmont, *Œuvres traittant des principes de médecine et de physique*, trad. Jean le Conte, Lyon : Jean-Antoine Huguetan ; Guillaume Barbier, 1670, 1ère partie, ch. VIII ; ch. XV.

Il a fallu des millénaires d'audace pour admettre que l'eau n'était pas un corps simple. Admettre que deux vents s'agrippent de si près qu'ils se fondent l'un en l'autre, créant un corps contradictoire à ce qui le compose. La cohésion de ce liquide résiste à toutes les puissances.

> Nul coin, nul levier, nul choc, nulle direction de mouvement, ne peut le rompre: & même le plus universel des agents chimiques, le feu, & toute l'énergie connue de son action dissociante, agit en vain sur la mixtion la plus parfaite.[1]

L'eau n'est pas formée de petites particules d'eau, de petits atomes d'eau, mais d'âmes entrelacées. L'air lui-même est un mélange de dizaines d'autres airs. Le feu n'est pas un élément. Les quatre corps fondamentaux des Grecs ne sont que des mélanges: leurs dieux n'existent plus.

Il faut tout reprendre depuis le commencement. Par le moyen du feu, de l'acide, de l'eau, tenter de fissurer les corps, les séparer sans pouvoir les atteindre. Introduire un outil dans ces failles invisibles, pour décoller ces éléments si parfaitement soudés qu'ils semblent ne faire qu'un. Il faudra les déceler dans

---

1 «Mixte & Mixtion», in Denis Diderot, Jean Le Rond d'Alembert, *Encyclopédie*, ou *Dictionnaire raisonné des sciences, des arts et des métiers*, vol. 10, Neufchastel : Samuel Faulche & compagnie, 1765, p. 596.

la banalité d'un écoulement d'eau, d'un panache de vapeur ou d'un précipité, lire leurs apparitions dans ces soulèvements ternes.

Des lignées acharnées démêleront ainsi la prodigieuse orfèvrerie des couleurs et des formes. Elles classeront la terrifiante variété des animaux, des minéraux, des arbres. Elles réduiront ces mirages changeants à un nombre fini d'éléments insécables, de corps primaires et purs, condenseront l'univers en une poignée d'indivisibles : un petit inventaire, un catalogue de racines. Elles traceront le grand tableau des corps. Mais rien n'assure que ceux-ci seront incassables. Peut-être la matière n'est-elle qu'un long vertige enroulé sur lui-même.

On s'approche sans fin de l'élément premier. On ne le touche pas, on ne l'atteint jamais. On s'enfonce sans fin dans l'espoir des principes.

la limite du monde

Platon conçoit les atomes en piles transitoires de volumes anguleux : une géométrie de polygones froids, glissant les uns contre les autres.

Descartes, quant à lui, suppose que le sel, le soufre et le mercure sont formés respectivement de petites lames pointues, de branches souples et de figures glissantes qui s'agrègent et se tordent.

Privat de Molières conteste l'hypothèse que l'air puisse être « formé de petites parties branchuës, ou de petites lames contournées en limaçon », mais affirme que c'est « un amas de petits tourbillons sphériques[1] ».

Plus près de nous, Ernest Rutherford décrit un cosmos presque vide, étoilé par endroits de nuages symétriques. Une morne abstraction sans couleurs, formée de vide et de halos.

Ces savants imaginent qu'à un moment les choses s'achèvent, ne se divisent plus. On touche au mur qui

1 Joseph Privat de Molières, *Leçons de physique*, vol. 2, Paris : 1745, leçon VII, proposition IV, p. 136 et suivantes.

ferme l'univers. L'espace s'interrompt, on ne peut plus descendre. Pourtant la frontière a disparu.

Dans les années 1920, Max Planck, Louis de Broglie, Albert Einstein et d'autres décèlent de vagues mouvements, des reflets ténébreux. À l'intérieur des brouillards périodiques, des colonnes d'atomes dressées jusqu'à perte de vue. Il y a quelque chose : un monde plus lointain, un second univers.

On peut plonger plus loin mais la matière n'existe plus : les objets qui sont là sont dépourvus de forme, obéissent à des lois étranges. Ils se fragmentent en diffractions absurdes. Au-delà du dernier seuil, règne l'axiome inconcevable selon lequel la matière est formée de mouvements.

∞

Un jour, j'ai tenté de plonger aux confins du visible, parmi les molécules, les vents dimensionnels, les nœuds de vibrations. Chaque détail me révélait un monde. Je franchissais les paliers en apnée, je me perdais parmi les solitudes. Je demeurais des heures à contempler de bizarres interactions, des cataclysmes minuscules. À ces échelles infimes, les mouvements humains deviennent impossibles.

> Un homme de la taille d'une fourmi pourrait enfiler des vêtements, mais les forces d'adhésion l'empêcheraient de les retirer. […] Si notre homoncule réussissait à se mouiller et essayait de se sécher avec une serviette, il y resterait collé pour

> le restant de ses jours. Il lui serait impossible de se servir un verre ou de faire du feu : pour être stable, une flamme doit mesurer plusieurs millimètres. Il pourrait obtenir une feuille d'or assez fine pour confectionner un livre à sa taille, mais les forces d'adhésion l'empêcheraient de tourner les pages.[1]

Les nuages ne se forment plus ; les liquides cessent d'être liquides. Il n'y a plus de tourbillons, de vagues, de reflets ni de miroitements.

Au-delà d'un certain point, la lumière n'entre plus. Trop épaisse, trop lourde. Un peu plus bas encore, c'est la matière qui ne peut plus passer. Les particules n'ont plus de masse, de position ni de vitesse, mais se trouvent en même temps dans des lieux séparés. Elles fusent sans se déplacer.

Le fond que je croyais apercevoir s'ouvrait sur un gouffre nouveau, un nouveau déploiement d'aberrations physiques. Derrière cet univers, d'autres mondes se dérobaient, se succédant sans jamais s'achever. Peut-être ces échelles étaient-elles cycliques. Un chemin circulaire me conduirait alors au point d'où je regarde.

À un moment il fallut remonter. Alors je remontai, encore, encore, comme un plongeur espérant la surface, s'élevant vers la lumière. Je m'étais égaré : je remontais la succession obscure, ne sachant plus

---

1 Stephen J. Gould, « L'Intelligence humaine », *Darwin et les grandes énigmes de la vie*, Paris : Seuil, 1997, p. 191-198, ici p. 193.

quel univers débouchait sur quel autre. Je n'étais plus qu'un regard isolé, un regard sans attache.

Quand je regagnai le jour, retrouvant les objets, mes semblables et l'ordre du langage, tout cela m'apparut comme un vaste mirage. Un tableau scintillant, un frêle miroir d'eau qui disparaît dès qu'on en perce la surface.

le bord de l'univers

Épicure, Lucrèce, Cicéron, Bruno, Descartes, Locke et d'autres posèrent une même question, qu'Archytas de Tarente (Ve-IVe siècle avant notre ère) fut semble-t-il le premier à formuler. Si un observateur imaginaire, posé au bord de l'univers, perçait sa coquille gigantesque, toucherait-il quelque chose ? Trouverait-il un espace au-delà de l'univers ?

Zénon, cité par Aristote, aborde ainsi le problème :

> Si tout être est dans un lieu, il est évident qu'il y aura un lieu pour le lieu lui-même, et ainsi de suite à l'infini.[1]

Aux dires d'Aristote, l'univers n'est nulle part. Ou plus précisément, il n'est pas « quelque part ». Il n'a pas de lieu.

L'existence d'une limite suppose nécessairement que quelque chose s'étende par-delà ces contours. Autour de l'univers, il n'y a plus de lieu, plus d'étendue, plus d'objets ni de corps. Il n'y a pas même de

1 Aristote, *Physique*, vol. 1, trad. Jules Barthélemy Saint-Hilaire, Paris : A. Durand, 1862, livre IV, ch. 3, p. 127.

vide. Il ne peut donc y avoir de « bord » de l'univers. Il faut imaginer celui-ci entouré – le terme est maladroit – de quelque chose qui n'est pas de l'espace. L'univers est plongé dans quelque chose qui n'est pas l'univers. Il apparaît soudain dans un endroit qui n'est nulle part, il crée son propre lieu. L'espace émerge d'une absence d'espace.

Semblablement, les échelles successives de la réalité, posées les unes sur les autres, naissent les unes des autres, comme des plantes poussant sur d'autres plantes, qui pousseraient elles-mêmes sur d'autres plantes encore.

L'espace, le temps, la gravité, les lois physiques émergent de milieux où ils n'existent pas. L'univers est l'empilement de ces socles étranges, qui chacun à son tour génère des lois imprévisibles, surplombant des monceaux infinis de mondes, jusqu'à un impossible fond.

II - temps

Dans les moments d'extrême danger ou de mort imminente, la perception du temps peut être intensifiée de manière prodigieuse. Aux portes de la mort, la conscience étincelle avec une ardeur fulgurante[1].

Un homme qui comprend qu'il va percuter une voiture quelques secondes plus tard perçoit des détails avec une précision inouïe :

> Je me souviens d'avoir étudié le capot de la vieille Buick qu'il conduisait. L'emblème d'une Buick comporte trois boucliers. Je pouvais presque compter les nervures qui traversaient les boucliers eux-mêmes. J'ai vu la petite bande d'étoiles avec de petites nervures dessus.[2]

De même, un pilote de course projeté dans les airs au cours d'un accident raconte que son envol a duré une éternité :

---

1 Oskar Pfister, « Mental States in Mortal Danger » (1930), traduit par Russell Noyes, Roy Kletti, in *Essence*, 5/1, 1981, p. 5-20, ici p. 18.

2 Michael B. Sabom, « The Acute Dying Experience », in *Journal of Near-Death Studies*, 26/3, 2008, p. 181-218, ici p. 197.

> Tout était au ralenti, et j'avais l'impression d'être un acteur sur une scène et de me voir culbuter encore et encore... comme si j'étais assis dans les gradins et que je voyais tout cela se produire...[1]

Un conducteur figé devant le train lancé à pleine vitesse le voit venir nonchalamment vers lui :

> Comme un film qui se déroule au ralenti, de sorte que les images progressent avec un mouvement saccadé.

Le neurologue anglais Oliver Sacks note que les athlètes, dans les sports requérant des réflexes extrêmement rapides, peuvent avoir une perception du temps fortement ralentie.

> Une balle de baseball peut s'approcher à près de 160 km/h, et pourtant, comme de nombreuses personnes l'ont décrit, la balle peut sembler presque immobile dans l'air, ses coutures sont visibles de façon frappante, et le batteur se retrouve dans un espace-temps soudainement agrandi et spacieux, où il a tout le temps nécessaire pour frapper la balle. Lors d'une course cycliste, les cyclistes peuvent se déplacer à près de 60 km/h et n'être séparés que par quelques centimètres. [...] La moindre erreur peut entraîner une collision multiple. Mais pour les cyclistes eux-mêmes, qui se concentrent intensément, tout semble se dérouler au ralenti, et il y a suffisamment d'espace et de temps pour permettre l'improvisation et les manœuvres complexes.

1 Pour cette citation et les suivantes : Oliver Sacks, *The River of Consciousness*, New York, Toronto : Alfred A. Knopf, 2017, chapitre 2.

Les gestes et perceptions des malades parkinsoniens sont souvent trop rapides, ou bien trop lents sans qu'ils s'en rendent compte. L'un d'eux, cité par William Gooddy, affirmait que ses propres mouvements lui paraissaient normaux, jusqu'à ce qu'il les compare avec les pulsations de la pendule. Celle-ci lui paraissait aller beaucoup trop vite[1]. Dans le syndrome parkinsonien post-encéphalique, où les dommages au cerveau sont généralement plus importants, Oliver Sacks a observé des ralentissements et des accélérations qui peuvent toucher aux limites physiologiques du cerveau et du corps. D'un patient qui semblait immobile, il raconte que

> un matin, pendant plusieurs heures, j'ai pris une série d'une vingtaine de photos que j'ai agrafées ensemble pour en faire un flip-book. Avec cela, j'ai pu voir que [le patient] était en train de s'essuyer le nez, mais qu'il le faisait mille fois plus lentement que d'habitude.

Inversement, certaines personnes atteintes du syndrome de la Tourette seraient capables d'attraper des mouches en vol. En plus des tics et compulsions que l'œil humain peut percevoir, certains patients en ont encore, que le regard ne peut déceler.

Ayant enregistré les gestes d'un patient, le spécialiste les visionne au ralenti. Il y découvre une grande

---

1 William Gooddy, *Time and the Nervous System*, New York, Londres : Praeger, 1988, p. 16.

quantité de tics extrêmement rapides, que ses sens ordinaires n'avaient pu percevoir.

> Il pouvait y avoir plusieurs enchaînements de micro-tics se déroulant simultanément, apparemment dissociés, sans doute jusqu'à des dizaines par seconde. La complexité de tout cela était aussi étonnante que sa vitesse, et j'ai pensé qu'on pourrait écrire un livre entier, un atlas des tics, en s'appuyant seulement sur cinq secondes de vidéo. Je pressentais qu'un tel atlas fournirait une sorte de microscopie du cerveau ou de l'esprit.

découper le temps

Que de vols, de courses, de fleuves, de flèches.
Que de chutes et d'ascensions. Que de fumée.

Samuel Beckett, *Le Monde et le pantalon*

Dans les années 1870, Étienne-Jules Marey et Eadweard Muybridge entreprirent de décomposer le galop d'un cheval, la marche d'un athlète, la courbe d'un lancer, la trajectoire d'un saut, l'envol d'un oiseau ou la course d'un chien. Leurs appareils interceptaient un temps arrêté par secousses, le détaillaient en tranches équidistantes.

Ce qui frappa les premiers spectateurs, c'est que dans ce cortège monochrome, ce musée de silhouettes immobiles, on ne voit que des monstres. Les bouillies de mouvement, les nuages pulsés du galop d'un cheval n'abritent en vérité qu'un désordre de pattes, d'élans bizarres et d'effleurements du sol. Mille déclinaisons de la laideur, un magasin de chimères invisibles.

Dans ce catalogue nu d'équilibres précaires, on voit des faces grimaçantes, des bouches déformées de hurlements muets. Un peloton de hargnes fixes, de peaux sculptées de muscles secs, tourmentées de souffrance, tissées de veines énormes. Des pieds, des pattes ou des sabots soulevés comme en apesanteur, comme au bord de la chute. Les bras fléchis pivotent par saccades, paraissent s'épuiser sans fin, bandés vers la victoire, acharnés vers la ligne, englués dans le temps.

On ne sait presque plus à quoi servent ces gestes, pourquoi ces corps gigotent. Il n'y a plus de course, mais un rang de limaces qui se déforme avec une infinie lenteur. On voit des positions qui n'existaient nulle part et semblent impossibles. Des plongeurs suspendus à l'horizontale ; des gymnastes obliques, figés la tête en bas, dans des cambrures insoutenables. Des sauteurs accroupis dans l'air, saisis dans un bloc de vide ; des gouttes de sueur perlant sur les visages. Ce qui se révèle dans l'immobilité n'existait pas dans le mouvement.

On peut entrer à l'intérieur du temps. Parcourir ses couloirs, ses arcades et ses chambres. On peut le disséquer comme une toile immense, ouvrir ses pans jusqu'alors repliés l'un sur l'autre. Le moindre pivotement du coude ou du genou, le moindre fléchissement devient une aventure saturée de mouvements, de micro événements qui s'entrecroisent à l'intérieur des chairs. On voit des périodicités, de mystérieuses répartitions de rythmes, qui parcourent les membres et qui tendent la peau. Chaque geste est saturé de milliers d'autres. Chaque instant de la course est un voyage tortueux, un continent où le regard se perd dans une telle profusion d'étapes, que tout bientôt se désagrège, s'efface.

> Chaque *maintenant* à l'intérieur de quoi quelque chose se passe est également une succession. Chaque simple fait présent est un événement complexe, qui porte une succession à l'intérieur de lui.[1]

1 Josiah Royce, *The World and the Individual*, Londres : Macmillan & co., 1923, p. 139.

∞

Dans un célèbre paradoxe, Zénon d'Élée démontre qu'une flèche en vol est toujours immobile. À chaque instant la flèche est suspendue en l'air : elle passe d'une immobilité à l'autre, comme une constellation de flèches saccadées.

Un trouble neuropsychologique, décrit en 1983, fait percevoir le monde à la manière d'un agrégat de fixités, heurté de secousses incessantes[1]. Ce trouble s'appelle *akinétopsie*, du grec *a-* (préfixe privatif) *-kiné-* (le mouvement) *-opsia* (voir).

La première femme diagnostiquée, âgée de quarante-trois ans, est une Méduse moderne. Elle a, par exemple, du mal à verser de l'eau dans un verre, car le liquide lui apparaît gelé, tel un glaçon. Elle ne sait pas quand cesser de verser, car elle ne perçoit pas la montée du liquide. Un visage qui lui parle lui semble une succession de masques grimaçants, un catalogue d'images fixes. Lorsqu'elle veut traverser la rue, elle ne voit que des voitures immobiles dont l'une toute proche deviendra l'objet d'une brusque terreur, avant de disparaître. Leurs présences s'éteignent et surgissent ailleurs, clignotent autour d'elle.

1 Nur Mai, D. Yves Von Cramon, Josef Zihl, « Selective Disturbance of Movement Vision after Bilateral Brain Damage », in *Brain*, 106/2, 1983, p. 313-340.

Sur le trottoir, des corps pétrifiés sont figés dans leur marche, un pied levé, la bouche ouverte, interceptés dans leur conversation ; un pigeon est suspendu dans l'air. La rue est une galerie de mannequins immobiles, un long jardin de glace. Des yeux, des dents surgissent à quelques centimètres : irruptions de menaces, terrifiant jeu d'apparitions qui la font sursauter, piègent son regard. Prisonnière d'un monde sans vitesse ni mouvement, elle erre parmi les illusions.

∞

Quand on les ralentit, les petits nuages autour des mouches en vol, les cercles flous des roues de bicyclette durcissent en formes séparées – rayons, membranes, lames. Chaque palier de temps fait naître ses propres objets. L'abbé et physicien Jean Antoine Nollet écrit en 1743 :

> Un cercle qu'on fait tourner sur un de ses diamétres nous semble être une sphére ; les petits moulins à vent dont les enfants s'amusent, ont la forme d'un plan circulaire : les cordes qui sont en vibration, se voyent sous la figure d'un lozange fort allongé. Le charbon ardent qu'on fait tourner, représente un cercle lumineux : la fusée qui s'élève, paroît être une traînée de feu, &c.[1]

1 Jean Antoine Nollet, *Leçons de physique expérimentale* (1743), vol. 5, 7e éd., Paris : Guérin & Delatour, 1755, leçon XVII, p. 493.

Imaginons une forêt, dont on verrait la vie progressivement accélérée. Les tiges des plantes s'avancent prudemment, palpent l'air, tâtonnent dans le vide. On les voit s'émouvoir d'hésitations aveugles. Leurs poussées insensibles, leur tranquille inaction se ramifie en un tortillement de pieuvre, un bouillonnement qui guette la lumière.

Lorsqu'un groupe de marcheurs vient un instant troubler ces solitudes, leurs ombres floues envahissent l'espace, puis s'évaporent et disparaissent. Les arbres frôlés de ces vapeurs humaines retiennent des bredouillements perçants et incompréhensibles, un charabia comique. *Blblblblblblblblbl!* Ils pépient vivement de leurs voix suraiguës, qui glissent dans l'air comme des vents fugaces. Cela dure un clin d'œil, ils sont déjà partis.

Très au-dessus des cimes, des bourrasques stridentes agitent les nuages. Tout l'air crépite de chuintements. On voit des mouvements majestueux s'épanouir dans les feuillages, des couleurs exploser comme des feux d'artifice, des branches fuser comme des flèches [1]. La course du soleil apparaît comme un grand balancier, un métronome qui pulse jours et nuits, dévie lentement en lacérant le ciel. On voit bientôt travailler les arbres et les roches. Ils progressent calmement en dessinant leurs cycles, sous des voûtes immenses.

---

1 Francis Hallé, *Éloge de la plante*, Paris : Seuil, 1999, p. 105-107.

La nuit succédait au jour comme le battement d'une aile noire. [...] Tandis que je continuais, gagnant toujours en vitesse, la palpitation de la nuit et du jour se fondit en une grisaille continue [...]. Le soleil saccadé devint un trait de feu, [...] la lune une bande fluctuante plus faible. [...] J'ai vu des arbres grandir et changer comme des bouffées de vapeur. [...] J'ai vu d'énormes bâtiments s'élever, faibles et beaux, et passer comme des rêves. La surface entière de la terre semblait changée, fondant et coulant sous mes yeux.[1]

∞

En 1842, Christian Doppler prouvait par équations que la hauteur d'un son, que la couleur d'une source lumineuse dépendent de leur vitesse. Les couleurs, les sons n'existent pas dans la réalité : ils sont des parallaxes, des mirages. Ce sont des reflets qui grossissent, se déplacent et disparaissent lorsqu'on les contourne.

1 H. G. Wells, *The Time Machine*, Londres : William Heinemann, 1895, chapitre IV, p. 29-30.

l'univers-bloc

Si l'avenir et le passé sont infinis, toute date est illusoire ; [...] si tout être est à égale distance de l'infini et de l'infinitésimal, il n'y a pas non plus de lieu.

Jorge Luis Borges, « La sphère de Pascal »

Il y a vingt-cinq siècles, les Grecs conçurent deux théories du temps, deux visions du devenir.

Pour Parménide d'Élée, l'Être est toujours identique ; il échappe au changement, surplombe les morts et les générations. L'apparence seule est muable.

Héraclite d'Éphèse enseigne quant à lui que tous les êtres sont instables. Ce qu'on appelle un fleuve est formé d'eaux toujours nouvelles (fragment 12). « Les choses froides se réchauffent, ce qui est chaud se refroidit ; les choses humides sèchent, ce qui est sec s'humidifie » (fragment 126).

L'idée de temps oscille entre ces pôles : un être fixe, inaltérable, sous l'ondoiement des apparences ; un flux intarissable de métamorphoses.

∞

D'après la théorie d'Einstein, les corps les plus massifs ralentissent le temps ; la vitesse ralentit le temps ; la gravitation ralentit le temps. Le temps s'écoule plus vite en altitude, plus lentement au niveau de la mer. Les temps de deux horloges circulant dans l'espace à des vitesses différentes se dissocient lentement.

Ces opinions vertigineuses impliquent, d'une part, qu'il n'y a pas *un* présent, mais une infinité. Tous les présents, disséminés dans l'univers, se déroulent à leur propre vitesse. « Maintenant » ne veut rien dire. « Maintenant » n'existe pas. Les instants ne sont pas successifs, mais existent *en même temps*. Tout le passé continue d'exister ; tout l'avenir est déjà là. L'infinité des temps existe, hurle sans fin, et *simultanément*, la persistance intolérable, sempiternelle et immobile, de tous les événements qui ont été.

La fugace acuité de chaque instant présent y demeure archivée de toute éternité, fixée depuis la nuit des temps. Selon Kurt Gödel, l'univers est un bloc à quatre dimensions, un cristal prodigieux, qui contient toutes les trajectoires des événements qui doivent advenir. Ce musée vertigineux et spiralaire, cette bibliothèque aux couloirs aberrants contient l'image fixée de l'univers.

Les pas que fait un homme tout au long de sa vie dessinent une figure impossible. Le regard prodigieux qui pourrait contempler ces quatre dimensions l'embrasserait en un instant, comme un simple triangle[1]. Il pourrait voir l'abominable transfiguration du visage d'une personne, de sa naissance à sa mort ; la forme d'une ville, depuis sa fondation jusqu'à ses extensions dernières. Les croissances des arbres, les mouvements des continents, l'érosion des montagnes, formeraient des figures effroyables. L'univers-bloc est l'ensemble infini de ces terreurs géométriques.

Selon Thomas d'Aquin, paraphrasant Boèce, Dieu saisit d'un regard tous les instants du temps. Nous, au contraire, n'en voyons qu'un à un les fragments, prélevés dans le fouillis des siècles. Le temps nous est donné successivement, car nous ne pourrions supporter l'intolérable poids, l'intolérable impact de tout l'être de l'univers[2]. Le temps, écrit Platon, est une « imitation mobile de l'éternité[3] ». Le lent écoulement découpé par les heures, ce long dépérissement n'est qu'une forme successive de l'éternité. Les événements n'existent pas. Tout l'univers est là, continuellement.

---

1 Jorge Luis Borges, « Le miroir des énigmes » (1940), *op. cit.*, p. 764.

2 Jorge Luis Borges, « Le temps », *Conférences* (1978), dans *Œuvres complètes*, vol. 2, éd. Jean-Pierre Bernès, Paris : Gallimard, La Pléiade, 2010.

3 Platon, « Timée », *Œuvres complètes*, vol. 10, trad. Albert Rivaud, Paris : Les Belles Lettres, 1925, 37d-38a.

que faisait Dieu avant la Création ?

Tout homme qui vient au monde
est le premier homme qui vient au monde.

Lettre de Jean Dubuffet à Jean Paulhan, 1947

Tu as effacé les traces par les traces.

Ibn 'Atā' Allah, *Hikam*

Derrière les salons d'apparat, les loges de prestige, l'histoire des sciences abrite de silencieux couloirs, des chambres décrépies, un dédale souterrain de figures effacées. Là, dans ce musée de théories absurdes, gît le buste honteux de Philip Henry Gosse. Un petit écriteau, un cartel jauni résume avec mépris ce qui fut son grand œuvre, l'*Omphalos* (1857) – paru, comble du ridicule, deux ans avant *L'Origine des espèces* de Darwin –, vouant ses naïvetés au rire et au sarcasme.

Selon la tradition chrétienne, Dieu a écrit deux livres : la Bible, et l'univers. Deux récits qui se contredisent. La Genèse assigne à la naissance du monde six journées intangibles de prodiges cosmiques. La Terre, à en croire l'Ancien Testament, serait âgée de moins de dix mille ans[1]. Mais le sol, lui, archive un silencieux amoncellement de cataclysmes. D'aveugles obstinations ont fendu des montagnes ; d'interminables forces ont plié le terrain de subductions complexes, dont l'enfouissement suggère des durées prodigieuses, des échelles de temps qui défient l'entendement, plongent fixement vers des nuits d'épouvante. Darwin, citant James Croll, propose l'image suivante :

> Prenez une fine bande de papier d'une longueur de vingt-cinq mètres, et étendez-la contre un mur, tout au long d'un couloir. Ensuite, marquez à une extrémité deux millimètres et demi. Ces deux millimètres et demi représenteront un siècle, la bande entière un million d'années.[2]

Et Mark Twain celle-ci :

> Si la tour Eiffel représentait l'âge du monde, la couche de peinture sur le mamelon du sommet représenterait la part de l'homme à l'échelle de cet âge.[3]

1 Alphonse des Vignoles écrit : « On croira peut-être qu'il y a de l'exagération en cela : mais j'ai recueilli moi-même plus de 200 calculs différents, dont le plus court ne compte que 3483 ans depuis la Création du Monde jusqu'à Jésus Christ : & le plus long en compte 6984 » (*Chronologie de l'Histoire sainte*, Berlin : A. Haude, 1738).

2 Charles Darwin, *L'Origine des espèces*, éd. Thierry Hoquet, Paris : Seuil, 2013, p. 278, note 11.

3 Mark Twain, « Was the World Made for Man? » (1903), *What Is Man?: And Other Philosophical Writings*, éd. Paul Baender, Berkeley, Los Angeles, Londres : University of California Press, 1973, p. 101-106.

Si l'histoire de l'univers était réduite à la durée d'un an, *Homo sapiens* apparaîtrait le dernier jour, environ cinq minutes avant minuit[1].

Il est certain que le passé remonte bien en deçà des six journées de lumière fixe, de ces six jours cataclysmiques où Dieu sépara ciel et terre, fit pulluler les créatures vivantes. Le sol est plein de mythes emmurés. Les fonds lacustres, les estuaires sont alourdis de sédiments et de fossiles, lestés de sables immémoriaux. Les terrains sont usés d'érosions millénaires.

Selon Philip Henry Gosse, ce passé n'a jamais existé. Lorsque Adam a paru la Terre était truffée d'inutiles fictions. Dieu avait enfoui des nuées de signes mensongers dans les falaises, les océans et les étoiles. Il avait modelé des forêts centenaires, des cités englouties, des sépultures antiques, dispersé en tous lieux des éclats de silex, des ossements, des cairns, des traces de pigments et des trous de poteaux.

Le premier jour du monde n'était pas seulement peuplé d'embryons, de larves et de bourgeons, mais d'arbres déjà hauts, et d'animaux adultes.

Selon Chateaubriand, le monde neuf portait déjà tous ses stigmates, tous les vertiges d'ancienneté qu'il arbore maintenant. Le monde a été créé « vieux ». Le

1 Carl Sagan, *The Dragons of Eden*, New York : Random House, 1977, chapitre 2.

premier jour était chargé d'interminables siècles, il héritait d'années inexistantes.

∞

La poule naît de l'œuf, qui est né de la poule. La vie est circulaire : ces cycles ne peuvent avoir de commencement. La Création ne peut être une rupture ni le flash aveuglant d'un *fiat lux*, mais une entrée discrète, inaperçue, modeste. Peut-être, un jour, Adam et Ève se sentirent vaguement stupéfaits d'être enveloppés de peau, de muscles et de membres. Ils virent leurs consciences engoncées dans le temps, lestées de sensations passées, tout imprégnées d'échos : ils s'étonnèrent d'être vivants. Cela dura quelques secondes, l'impression passa. La Création venait d'avoir lieu. C'était le premier jour.

Adam et Ève ne s'en rendirent pas compte. Ils étaient sûrs d'avoir vécu trente-trois ans, ils avaient des cheveux, des ongles, des rides et un nombril – bien qu'étant nés sans mère. Ils se souvenaient d'événements passés. Pourtant le monde venait de naître. L'univers avait fait irruption d'un coup, mais il s'était coulé dans une continuité fictive. Adam et Ève n'avaient rien remarqué : leurs âmes avaient glissé à l'intérieur du cercle.

Bertrand Russell fait remarquer que l'hypothèse d'un univers apparu il y a cinq minutes, peuplé de gens qui se « souviennent », est logiquement irréfutable. L'existence d'un souvenir ne dépend nullement du fait que l'événement ait en effet eu lieu.

Berkeley, deux siècles auparavant, soutient que les objets n'existent que tant qu'on les perçoit, ou qu'on les imagine.

La frontière qui sépare le réel de ce passé fictif est invisible à l'œil. Dieu a gommé cette jointure, cette charnière du commencement. Il a lié le présent à ces fallacieux mythes. Celui qui se souvient ne fait que s'égarer parmi de fausses pistes, un dédale pernicieux que Dieu a tracé pour le perdre.

∞

Au livre XI des *Confessions*, Saint Augustin demande : « Que faisait Dieu, avant de créer le ciel et la terre ? » et « Pourquoi est-il resté dans l'inaction durant des siècles innombrables ? » Mais la question, dit-il, n'est pas correctement posée. Le temps ne pouvait s'écouler avant d'être créé. C'est Dieu qui en était l'auteur. Avant la Création, le temps n'existait pas. « Ce n'est point par le temps que tu précèdes le temps » (Psaume CI). Le temps est advenu dans l'absence de temps : il a surgi dans une éternité sans commencement, ni mouvement, ni fin.

Selon un hadith cité par Al-Tirmidhī, Dieu était dans une nuée, une ténèbre sans espace et séparée du temps, avant de créer l'univers.

Selon Philon d'Alexandrie, il est absurde de croire que le monde a été créé en six jours, car ce qu'on appelle un « jour » *est* le mouvement du monde.

L'individu n'existe qu'une seconde. Un esprit se dessine, un *moi* durcit comme un précipité, une pensée coagule au milieu du néant : sa maigre flamme éclaire un instant l'univers, puis se désagrège et s'éteint. L'individu s'égare, ressuscite sans cesse. « Tout homme est une illusion, vertigineusement construite par une série d'hommes instantanés et solitaires.[1] » Un esprit meurt avant de ressurgir, il est un pullulement de doubles. Le monde, pour chacun, n'existe qu'un instant. Peut-être cet instant dure-t-il l'éternité, et coexiste avec les milliards d'autres instants, chacun figé dans un présent statique, encerclé des fictions énormes du passé et du futur.

---

1 Jorge Luis Borges, « Nouvelle réfutation du temps », *Autres inquisitions*, dans *Œuvres complètes*, vol. 1, *op. cit.*

l'homme de Desinova

La lueur pâle des lampes creuse la roche froide, fait danser sur les voûtes des ombres intangibles. Le silence anfractueux est troublé par la rumeur des grattements, des raclements et des déblais, des tamis, des murmures, l'écho de ruissellements s'écoulant goutte à goutte. Dans le sourd estomac de cette grotte de l'Altaï, une pluie silencieuse s'est abattue durant des millénaires. Une pluie d'une lenteur insoutenable, un dépôt alangui de poussières minérales, de pollens éteints dispersés par les vents, tombant à pas feutrés tels des flocons de neige.

L'équipe d'archéologues déshabille le sol des siècles amoncelés. Ils prélèvent, mesurent, dessinent, photographient ces draps de poudre empilés l'un sur l'autre, ces linceuls écrasés par des tonnes de temps. Dans les signes épars prisonniers de la pierre, dans la poussière tenace qui s'insinue sous les crampons, sous les ongles, on aperçoit des glaciations, des éruptions cataclysmiques; des torsions insensées du climat ou du champ magnétique, qui ont mordu la terre, entaillant et rongeant, sculptant secrètement les marbrures compliquées des cartes géologiques, l'effroyable courbure des côtes maritimes. Dans les pages effritées de ce livre de sable, on aperçoit des océans enfouis, aux formes exotiques. Des continents méconnaissables, des glaciers gigantesques.

Dans la couche 11.1 de la galerie Sud, datée de 50 000 à 30 000 ans, parmi des ornements de pierre polie et des outils lithiques, des racloirs Levallois, des restes de bracelets, des morceaux de charbon, l'un des chercheurs repère un petit noyau brun enchâssé dans la roche. L'étrange patron tentaculaire, les quatre tubercules de la face occlusive, le croisement des sillons, les racines robustes, permettent d'identifier le bulbe émaillé d'une molaire supérieure. C'est une dent d'humain[1].

L'archéologue appelle, montre sa trouvaille. Les chercheurs se rassemblent et regardent, curieux, retiennent leur souffle. La dent est grande. La taille inhabituelle du bassin du talon, l'évasement de la couronne, l'absence de réduction de l'hypocône la distinguent fortement de celles déjà connues du genre *Homo*.

---

1 David Reich, Richard E. Green, Martin Kircher et al., « Genetic History of an Archaic Hominin Group from Denisova Cave in Siberia », in *Nature*, 468, 2010, p. 1053-1060.

∞

Huit ans plus tard, la scène se répète. Dans la couche II, on trouve une miette d'os brune en plein effritement. Une phalange distale d'un jeune homininé, un individu autre que celui de la dent. Les chimistes extraient les phylactères enfouis dans l'os et la dentine. Les précieuses molécules entortillées dans les noyaux et les mitochondries ne sont d'aucune espèce humaine connue. Ces deux individus étaient d'une autre humanité. Leur phénotype est inconnu. On ne sait rien de leur morphologie, leur taille, leur apparence. On ne sait rien de leurs lignées, de leurs cultures, leurs traditions, leurs langues, leurs techniques, leurs savoirs et leurs cultes. On ne voit que des vides, des lacunes, qui flottent alentour des fossiles.

Il y a cent millénaires, d'obscures déclinaisons de l'homme ont partagé la Terre. Des peuples aux membres courts, des primates bipèdes aux visages difformes se sont côtoyés, accouplés, mêlés dans d'inimaginables combats. Des univers mentaux, des corps voisins des nôtres se sont assis sur les mêmes pierres, ont mangé les mêmes plantes. Des êtres hésitants qui mouraient jeunes et souvent violemment parmi les solitudes immenses, luttant contre une nature inviolée, regorgeant d'animaux majestueux – aurochs, bisons, ours, mégacéros, mammouths, lions des cavernes, cerfs, chevaux.

Du peuple éteint d'*Homo denisovensis*, on ne connaît à ce jour que ce couple initial, ces deux femmes isolées dans un lointain Éden, foisonnant et glaciaire. Dieu sait quelles tragédies se sont perdues sous terre, quelles vies ténébreuses enveloppaient ces ossements, ces corps infortunés, ces cadavres enfoncés dans la boue. Toute cette humanité n'est pour nous qu'une table de nombres, un répertoire abscons de bases azotées. Une sorte de grand mythe, un somptueux décret inscrit au fond de leurs fossiles, enveloppé par l'écrin des noyaux cellulaires.

La peau, les os, les muscles de milliards d'individus vivants – Tibétains, Polynésiens, Mélanésiens, Australiens aborigènes – conservent des empreintes, des traces codées de ces vies disparues. Dans le secret de leurs cellules est compilé le récit minutieux de migrations anciennes, de métissages, de guerres. De sinueuses généalogies de descendances, de filiations et de lignées. Réduite à l'abstraction et presque indéchiffrable, l'histoire d'*Homo denisovensis* s'est fragmentée, dispersée dans des millions de corps, comme sur un vaste champ de stèles.

∞

En 1969, le jeune Giuseppe Penone exposait *Arbre* : un large tronc dont il avait pelé les couches successives d'écorce, de cambium, de xylème, de duramen, pour révéler la silhouette hésitante d'un petit arbre nu, emmuré dans le bois – précieux bijou dans un écrin d'écorces. Dans un arbre adulte, il y a des dizaines d'arbres empilés, superposés en copies annuelles, visages identiques et de plus en plus gros qui se sont digérés eux-mêmes, assimilant leurs versions antérieures, se construisant sur des couches d'eux-mêmes. Les arbres sont des monstres. De grandes peaux aveugles, qui couvent chaque année l'empilement craquelé de leurs corps successifs. Accumulant de silencieuses générations de morts, des peuples de visages prisonniers de leur tronc, ils sont des cimetières circulaires.

Semblablement, les corps des animaux, les stries de leurs cheveux, leurs ongles et leurs griffes, leurs carapaces ou leurs coquilles enregistrent sans fin des signes et des traces. Le temps s'y classe en couches concentriques, les saisons et les siècles appuyés l'un sur l'autre. Des kilomètres de mémoire sont enfouis sous nos pieds. Le monde est un prodigieux suaire, une toile mystique qui retient ses visages. Il est son propre signe, sa propre cicatrice. Tout parle. Tout est signe.

Un jour, peut-être, la perfection technologique touchera de tels sommets que nos outils permettront de tout lire. Les univers se superposeront à l'image du présent : l'instant révélera l'amas vertigineux des passés qui le portent.

∞

Selon Saint Augustin, il y a trois temps – le passé, le présent, le futur –, mais tous les trois sont le présent. Ce qu'on appelle le passé, ce qu'on appelle l'avenir se produisent au présent, dans le cerveau de qui se remémore, ou de qui se projette. Les événements n'ont lieu que dans le présent. La seule réalité est le présent.

Il n'y a qu'un instant, posé sur une lame. Le double puits vertigineux du temps n'existe que dans l'âme. Il n'y a pas de temps, mais un dédale tortueux de mémoire et d'angoisse, de projections fictives ; deux arbres potentiels alentour de l'instant.

Le marquis de Laplace imaginait un démon fabuleux qui pourrait, depuis un simple instantané, reconstituer l'Histoire de l'univers dans sa totalité.

> Dans la moindre des substances, des yeux aussi perçants que ceux de Dieu pourraient lire toute la suite des choses de l'univers.[1]

Le temps est une photographie où le regard s'enfonce. Il croit y voir des paysages, des cieux de prévisions flottantes : il s'abîme, il sombre. Il ne se rend pas compte que le mur est sans profondeur, une

1 Gottfried Wilhelm Leibniz, « Nouveaux essais sur l'entendement humain », *Œuvres philosophiques de Leibniz*, vol. 1, éd. Paul Janet, Paris : Félix Alcan, 1900, p. 13-34, p. 21.

surface d'encre : il se cogne sur cette paroi qu'il ne peut franchir, comme l'insecte sur la vitre. Il ne voit pas qu'il n'y a pas de passé, ni d'avenir, mais la surface glacée, lisse et sans épaisseur, du présent.

III - mémoire

le regard de Dieu

Dieu, dit Nicolas de Cues, fixe continuellement chacun de nous. Il se souvient de tout. Il pense continuellement à tout. Il sait chaque cuiller, chaque stylo, chaque papier encombrant nos tiroirs ; il scrute toutes les feuilles de tous les arbres de toutes les forêts, écoute sans discontinuer ce cauchemar de nervures, cette cacophonie de poussières et d'insectes ; il lit à chaque instant chaque page de chaque livre de toutes les bibliothèques. Il sent et guide continuellement l'inextricable obstination des plus petits détails. À son regard rien ne s'éteint jamais. Il entend constamment le cliquetis de toutes les pendules : chaque *tic,* chaque *tac*, et les condense en une unique pulsation, en un point impensable, instantané, qui est l'éternité.

Sa rétine est chargée par la surabondance des lieux, l'intolérable infinité des existences. Il vit dans l'écrasement constant de se souvenir de tout.

Nous, au contraire, ne percevons jamais qu'une chose à la fois, une sensation, une pensée. La porte. L'angle du mur. L'interrupteur. La fenêtre. La pendule à nouveau. Le téléphone. Le plancher. Nos yeux courent fébrilement d'un détail à un autre, acrobates sautant d'un perchoir à un autre, oiseaux légers cabriolant au milieu des branchages.

Les objets se dégagent un à un du voile de coton imprécis, puis aussitôt disparaissent et demeurent silencieux.

Le flux débordant du sensible se réduit à un point. L'innombrable du réel est étranglé par un goulot, un barrage qui l'obstrue, l'empêche de nous ensevelir : nous recevons l'univers goutte à goutte.

la terreur et l'envol

Que de choses il faut ignorer pour agir !

Paul Valéry, *Choses tues*

Parfois, en levant les yeux, je vois brûler des milliards d'autres mondes, des milliards d'autres vies. Je vois l'immensité du temps, l'éternité des astres.

Je m'aperçois avec stupeur que j'avais jusqu'alors mené mon existence au cœur du vacarme, dans un déferlement de sensations, et à présent que je sais le poids de ces immensités, aucun projet ne me paraît plus raisonnable : je suis une poussière. Rien de ce que j'ai fait, rien de ce que j'accomplirai n'a la moindre importance. Il faut cesser d'agir, me taire et regarder, m'abandonner au vide.

Je tapote des doigts, plante ma fourchette dans un fruit, me sers un verre d'eau. Je vais faire la vaisselle, j'allume la radio. Je me remets à vivre, je pense à autre chose. L'univers s'évanouit. L'idée de l'infini est passée comme une ombre. Le dôme immense est toujours là, au-dessus de ma tête : mais je ne le vois plus. Mon cerveau l'a fait taire. J'ai regagné les frontières de mon corps. Je me surprends à croire que mes gestes importent, que je suis digne d'exister.

Plus tard, je m'arrêterai peut-être encore. Un vertige nouveau me terrassera, dissolvant mes contours dans un vaste océan.

Mon existence se dilapide ainsi, en fugaces éclairs entrecoupés d'absences.

∞

Une célèbre photographie de Marc Riboud, *Le Peintre de la tour Eiffel* (1953), montre un jeune ouvrier perché en équilibre à des centaines de mètres de hauteur. Très loin, on aperçoit la dentelle atténuée des lignes du Trocadéro, et les jardins brumeux qui embrassent la Seine. Il n'est pas attaché, il n'est pas protégé. Le mégot à la bouche, l'insouciant funambule danse malicieusement sur les poutres obliques. Le vent qui souffle, la moiteur de sa main ne l'inquiètent nullement. Lui aussi compose avec le vide. *Life magazine* indique que ce *dreamy frenchman* porte des semelles de corde, qui elles seules l'empêchent de glisser.

1747-1815 : éloge du cartographe

Ils tanguent interminablement dans des carrioles lentes, cahotent sur les pierres, s'embourbent dans les mauvais chemins, traînent sans fin leurs roues boueuses, dans l'odeur âcre des chevaux. Ils marchent en plein air, gravissent des collines, s'enfoncent dans les forêts, parcourent des routes effondrées, remplies de nids de poule, de cailloux et de flaques. Ils souillent leurs bottes, leurs redingotes, leurs guêtres, durant des lieues de champs et de villages, de fermes clairsemées et de propriétés. Contournant les ornières, les fondrières profondes, les obstacles en travers du chemin, des cerbères hargneux aboient après eux, sous l'œil des troupeaux placides, des villageois méfiants. Ils font de longs trajets à cheval, des heures de marche fastidieuses, peinant pour franchir les cols avant la nuit tombée, sous la pluie, la fatigue, le froid, soumis sans cesse aux hasards du voyage.

Au loin, ils voient surgir des renfoncements, des granges et les méandres des fleuves. La mosaïque irrégulière et bigarrée des champs bordée par la timide frontière séparant ciel et terre.

Ils sont les rayons dispersés du même astre omniscient, allant vers les points cardinaux, méthodiquement, à travers les provinces. Orléans, Tours, Loches, Rouen, Le Havre, Metz, Avranches, Rennes, Montpellier, Toulouse, Montauban. Ils sont l'éclat de sa lumière aux confins du royaume. Ils sont l'autorité splendide, la main tentaculaire qui s'étend lentement, qui enserre peu à peu le territoire immense, l'embrasse dans sa multitude. Ils maillent furtivement les plaines, les rivières, les montagnes, recensent la position des lieux. Par leurs regards le pouvoir se diffracte, s'infiltre dans la terre.

Les ingénieurs recensent des pullulements de bourgs, de châteaux, de chapelles, de prieurés, d'abbayes, de hameaux et de fermes, de piliers de justice, de moulins et d'écluses, de croix, de bacs, de ponts et de chemins.

Embarrassés de malles emplies d'outils cartographiques, d'instruments de mesure, ils inspectent ce grouillement de plus en plus infime, ces éclosions qui bourgeonnent de partout. Ils recensent l'inconcevable luxuriance d'étangs, de cours d'eau, de lacs et de canaux, collectant le moindre détail. Dans le souci de la plus parfaite exactitude, ils suivent les rivières, tracent minutieusement leurs méandres, fixent « la position de tous les lieux qu'elles arrosent[1] ». Ils

1 César-François Cassini, *Avertissement ou Introduction à la carte générale et particulière de la France*, s.n., c. 1700-1800, p. 4.

classifient cette impossible immensité d'un royaume tout entier.

Ils parlementent avec les curés, les dignitaires et les seigneurs locaux. Ils entrent sur leurs terres, gravissent leurs clochers. Ils s'essoufflent dans leurs donjons humides. Chargés des instruments qui pèsent sur leur dos, des outils de levée, ils glissent sur les marches usées, trébuchent sur des échelles branlantes. En haut, sur les sommets ouverts aux quatre vents, ils déplient leurs compas, s'installent près des cloches, ajustent leurs viseurs vers des cimes lointaines. Parmi les courants d'air, l'inconfort et le froid, ils glanent quelques chiffres. Ils extraient patiemment les mesures angulaires, relèvent une poignée d'abstractions. Ils additionnent leurs angles, confrontent leurs repères. Ils vérifient l'état des appareils, le parallélisme des lunettes, l'exactitude des calculs. Ils s'assurent constamment qu'ils ne font pas d'erreur.

Aidés par des locaux, ils s'informent des lieux flottant à l'horizon, se font épeler les noms. Ils interrogent, enquêtent, déchiffrent longuement le pavage de parcelles, le fouillis de massifs, d'édifices et de bois.

Puis ils reprennent leur marche, font de patients détours pour éviter des étangs, des marais, longent de grands domaines, d'amples propriétés qui leur sont interdites. Les troncs denses, l'obscure muraille de cimes laissent voir soudain, par des trouées anguleuses, d'imprévisibles lueurs. De petites flèches nimbées de brume, de petits dards bleutés qui percent l'horizon, et changent doucement dans la lumière mouvante.

À défaut de ces clochers, de promontoires, de tours ou de moulins, « les ingénieurs faisoient construire des échaffauds à la cime des arbres[1] ». De ces perchoirs improvisés, ils contemplaient le territoire. Ils allumaient des feux, dressaient de grands drapeaux pour dégager les lieux fondus dans leurs abords. Ils disposaient des signaux remarquables, pour les tirer de l'uniformité, les dissocier des marges. L'ingénieur attendait, il patientait des heures, sous le vent, sous la pluie, que l'assistant dresse au loin son signal, qu'il allume son feu ; qu'il démêle les lieux de l'indiscernable.

Dans les régions les plus accidentées, les pays montagneux, là où les lieux se fondent aux replis du sol, s'égarent dans des vallées occultes, les ingénieurs envoient leurs domestiques compter leurs propres pas, estimer les distances d'après leurs enjambées[2].

« Mille accidents naissaient, pour ainsi dire, sous leurs pas.[3] » Les instruments chutaient, se fracassaient ; les ingénieurs tombaient malades, de fatigue, de froid ou à cause de mauvaise nourriture. Les habitants se

---

1 *Ibid*, p. 6-7.

2 Lettre de M. Dargé, datée de novembre 1756, citée par Auguste de Girardot, *Cartes géographiques de l'ancien Berry*, Moulins : impr. de P.-A. Desrosiers, s.d., p. 5-6.

3 César-François Cassini, *Avertissement ou Introduction à la carte générale et particulière de la France*, p. 6-7.

rebellaient, hostiles, chassaient les cartographes, les insultaient, les prenaient à partie ; les curés refusaient l'entrée de leurs clochers. Des paysans, effrayés par les signes, les drapeaux, les repères, les abattaient avant de les recouvrir de terre.

Le soir, dans le silence, les ingénieurs reprennent leurs calculs. Ils dressent, sur les lieux, un brouillon de la carte, en reportant les angles, estimant les distances, dessinant « les hauteurs, les vallons, le contour des bois, la direction des chemins, le cours des rivieres, la nature du terrein ». Vérifiant tout sur place, corrigeant aussitôt la moindre imprécision. Évitant à tout prix « une faute dans l'orthographe des noms, l'omission d'un château, d'une ferme, d'un petit ruisseau dont le cours n'est point marqué, d'un chemin dont la direction n'est point exprimée, des masses de bois oubliées ». Ils tracent point par point les contours du royaume, modèlent longuement ce grand corps assoupi.

Ils n'ont aucun moyen de s'élever, de surplomber le paysage, de le contempler depuis le ciel. Ils sont collés au territoire, ils plongent dans la chair de la terre. Ils s'enlisent, s'aventurant dans des feuillages épais, des bosquets épineux, dans des rivières infranchissables. Se heurtant sans relâche à ce pays venteux, tourbillonnant d'intempéries, d'obstacles ; ce pays tortueux, indocile, rétif, ils le classifient, ils le comptent, ensevelis dans un torrent de choses.

La campagne achevée, lorsque à Paris les géographes auront dressé l'état définitif, il faudra tout reprendre. Une autre équipe d'ingénieurs arpentera les mêmes terres, fouillera les mêmes lieux pour tout vérifier, tout répéter encore, pour s'assurer que les mesures sont justes et la carte infaillible. Ils engrengeront les mêmes milliers d'angles, vacilleront sur les mêmes hauteurs, s'égareront dans les mêmes détours, s'embourberont dans les mêmes champs hostiles.

Le demi-siècle d'arpentage aura porté ses fruits. Le roi, les souscripteurs découvriront ce monument somptueux à la gloire du royaume. Quatre générations de savants cartographes auront parachevé ce prodigieux réseau de lignes optiques, ce châssis aérien, cette mosaïque « de plus de deux mille triangles qui après avoir serpenté, pour ainsi dire, dans tous les coins & recoins de la France va se réunir au premier chaînon [1] ». Cette fortification géométrique fixe inaltérablement l'étendue du royaume.

Alors les yeux arachnéens du roi pourront scruter le territoire, observer sans bouger le fourmillement de son peuple. Son regard embusqué et lourd de menace, inquiétera ses ennemis, protégera ses sujets.

∞

La carte assurera durablement l'illusion que la nature est maîtrisée, le territoire connu. Que la lumière

1 *Ibid.*, p. 4.

du roi en frappe tous les points, que le royaume est une terre de raison, d'exactitude, de science, où l'esprit triomphe du désordre, des peurs et des ennemis, et soumet le chaos.

> Une ville, une campagne, de loin c'est une ville et une campagne, mais à mesure qu'on s'approche, ce sont des maisons, des arbres, des tuiles, des feuilles, des herbes, des fourmis, des jambes de fourmis, à l'infini.[1]

1 Blaise Pascal, *Pensées*, éd. Dominique Descotes et Gilles Proust [en ligne : www.penseesdepascal.fr]. Fragment « Misère » n°14/24, consulté le 3/11/2022.

Soudain je ne sais plus si j'ai fermé la porte. Je n'ai aucun souvenir d'avoir tourné la clé, de l'avoir glissée dans ma poche, avant de descendre les premières marches. Je me retrouve sur le palier, sans savoir d'où je viens. Je remonte un étage, appuie sur la poignée : la porte est bien fermée.

Quelques secondes plus tard, je m'éveille à nouveau dans la cour de l'immeuble. Les secondes qui précèdent sont floues : je ne sais pas ce que mon corps a fait, combien de temps s'est écoulé.

Dans l'entrée, je me surprends en train d'ouvrir la boîte aux lettres. La clé est dans ma main, mais je ne l'ai pas prise.

Continuellement j'émerge des ténèbres. Quelle heure est-il ? Je viens de regarder ma montre. L'image du cadran s'est imprimée sur ma rétine, mais je ne voyais rien, je ne me souviens pas. J'ai beau tenter d'être lucide, de faire appel à tous mes sens, je suis absent aux choses comme à moi-même.

∞

Durant la Seconde Guerre mondiale, à la demande de la Royal Air Force, le psychologue anglais Norman Mackworth conçut un appareil semblable à une horloge, visant à mesurer la vigilance des opérateurs radars sur de longues durées. Sur le cadran, l'aiguille se décale d'un pas par seconde environ. De temps à autre, à intervalles irréguliers, l'aiguille fait un double saut.

La tâche consiste
à appuyer
sur un bouton

quand ces pas doubles

se produisent.

Chez les participants, l'expérience révéla des défaillances d'attention dès les premières minutes. Le caractère monotone, répétitif et minimal de la tâche les conduisait immanquablement à plonger dans l'oubli. Ils s'éveillaient régulièrement sans même s'en rendre compte, ne sachant pas qu'ils venaient de sombrer.

Notre attention est troublée par des coupures incessantes : mais ces extinctions sont effacées, lissées dans l'illusion de la continuité.

∞

Nos yeux portent un point aveugle, privé de photorécepteurs. On peut le remarquer en fermant l'œil droit, en fixant de l'œil gauche le « + » ci-dessous. En avançant ou reculant lentement l'image, on voit à un moment le cercle disparaître.

Sans que l'on lui demande, notre cerveau comble les vides, prolonge les lignes adjacentes.

Je vais dans une pièce pour prendre une chose, et me demande ce que j'étais venu chercher. En lisant, je passe souvent plusieurs paragraphes, sans me souvenir de ce que je viens de lire.

Enfant, au goûter, je m'étonnais parfois que ma tartine ait disparu de mon assiette. J'avais l'impression de la voir encore. *Eh bien, tu viens de la manger!* disait ma mère. Je doutais une seconde en soupçonnant mon frère, pressentant cependant que ma mère disait vrai – c'était bien moi qui l'avais engloutie.

Je ne sais lequel de ces miracles est le plus stupéfiant. Que des millions d'images, d'odeurs, de sons ou d'émotions puissent demeurer piégés dans un silence docile, au-dedans de nos crânes, et parfois s'échapper, disparaître en secret, se perdre au fond de nous ; ou bien que nos consciences sachent se repérer parmi cette abondance. Guidés d'instincts confus, nous cueillons ces éclats, puis les laissons se noyer dans les limbes. Nous ne savons presque rien des effroyables profusions de savoirs et d'images amoncelées en nous : pourtant de fugitives prémonitions nous guident derrière ces portes aveugles.

∞

Un patient d'Aleksander Luria, appelé Ш (*Sh*), parcourt d'interminables litanies de chiffres, de mots désordonnés sans jamais se tromper. Il restitue les tableaux les plus complexes sans effort apparent, dans l'ordre ou à l'envers. Le psychologue russe l'écoute attentivement, de plus en plus éberlué, de plus en plus perplexe. Il voudrait le prendre en défaut, et trouver ses limites, mais il n'y parvient pas. Il admet, sidéré, que « la mémoire de Ш n'a *pas de limites définies*[1] ». Quinze ans plus tard, Ш se souviendra parfaitement de chacune des listes, portant en lui l'image exacte des séances, de chacun des nombres et mots qu'il avait épelés.

Kim Peek (1951-2009), le célèbre autiste savant qui a inspiré le film *Rain Man*, était capable de lire en même temps deux pages d'un livre ouvert devant lui, l'œil gauche lisant la page de gauche, l'œil droit lisant la page de droite, et de mémoriser à la lettre près n'importe quel volume en moins d'une heure.

D'après l'article du *Times* publié à sa mort, Peek connaissait par coeur tout le réseau routier des États-Unis, tous les codes postaux, régionaux et routiers ; au moins douze mille livres. Il se souvenait de chaque phrase qu'il avait jamais lue, mais ne parvenait pas à s'habiller tout seul : il avait besoin d'aide pour boutonner sa chemise ou nouer ses lacets.

1 Aleksander Luria, *L'Homme dont le monde volait en éclats*, trad. Fabienne Mariengof et Nina Rausch de Traubenberg, Paris : Seuil, 1995, p. 203. Nous soulignons.

La voix s'enfonce dans le labyrinthe, épouse ses sinueux lacets. Le paysage change autour d'elle, tandis qu'elle chante l'épopée de chiffres.

Toutes les deux heures, le récitant prend une courte pause. Il fait quelques pas devant le tableau noir, boit un peu d'eau, et mange. Puis il reprend l'incantation.

Daniel Tammet, récitant en 2004 les 22 514 premières décimales de π, affirmait visualiser ces chiffres comme un poème immense, une épopée de nombres : un chant épique et gigantesque tel l'*Iliade*.

Rajveer Meena, en 2015, récitant durant près de dix heures les 70 000 premières décimales, disait qu'il ordonnait les chiffres sous la forme d'objets, qu'il voyait en lui-même.

Akira Haraguchi, qui la même année affirmait pouvoir réciter 111 701 décimales, substituait aux chiffres des syllabes, qui formaient des histoires. Dans une interview accordée au *Guardian* (13 mars 2015), il confiait avoir écrit environ huit cents histoires, « principalement à propos d'animaux et de plantes ». Il voyait ces histoires en récitant ses nombres.

∞

La fraction ⅓, égale à 1,333 333 333 3…, s'épuise en une suite illimitée de trois de plus en plus infimes, creusant l'infiniment petit, plongeant en divisions stupides et prévisibles. La fraction 2⁄7 révèle une périodicité plus élégante : 0,285 714 285 714 285 714…, réitérant à l'infini la même suite de six chiffres, le même étoilement de petits hexagones ; la même géométrie répétitive et spiralaire.

Les nombres dits « irrationnels », eux, ne se répètent jamais. Les décimales de $\sqrt{2}$ s'égarent en un délire illimité de chiffres aléatoires, dépourvu de logique. Celles du nombre de Champernowne, qui égrène la suite croissante des nombres entiers naturels, s'obstinent en circonvolutions éternellement mouvantes : C_{10} = 0,123 456 789 101 112 13… Ces nombres versatiles, fantasques, semblent des paysages étranges, désincarnés, changeants. Des planètes mystérieuses, des steppes désertiques.

En parcourant les décimales de π, on rencontre des gouffres et des montagnes abruptes, des rives inquiétantes. Le point dit « de Feynman », à la 762e décimale, aligne soudainement six fois le chiffre neuf : 3,14… 51 870 721 134 999 999 837. Plus loin, à la 186557266e position, on trouve la suite ascendante 12345678. À la 2747956e position, la suite descendante 87654321. La suite périodique 123123 apparaît deux cent cinq fois dans les 200 millions de premières décimales ;

la suite 1111111, trois fois ; la suite 112233, cent quatre vingt douze fois.

Si, comme le prétendent les mathématiciens, ces nombres sont infinis et parfaitement variables, alors ils possèdent en eux n'importe quelle suite de chiffres, un nombre illimité de fois. On y trouve, en un nombre infini, la suite illimitée des nombres pairs ; la suite des nombres premiers ; la suite de Fibonacci. On y trouve également une infinité de suites infinies de 1 ; une infinité de fois l'infinité des décimales de π. Si π est infini, alors les 62 800 milliards de décimales connues en 2021 représentent 0 % de son étendue réelle.

On touche dès lors un paradoxe. Si π est infini, alors il contient un nombre illimité de fois tous les nombres possibles, et toutes les suites de nombres possibles, qui elles-mêmes sont infinies. π dès lors est plus vaste que la totalité des nombres, alors qu'il n'est lui-même qu'un nombre dans l'infinité.

Ce troublant syllogisme a préoccupé Bolzano, Cantor, et d'autres mathématiciens, qui ont tenté de le résoudre en postulant qu'il n'y avait pas un infini, mais une infinité d'infinis plus ou moins vastes, contenus l'un dans l'autre. Diverses extensions de l'infini, des emboîtements variables d'infinis. À l'infini.

1981 : un point bleu pâle

Depuis bientôt trois mois, Saturne se déploie comme un oiseau immense. On aperçoit des cieux éblouissants, tourmentés de tempêtes, des nuages circulaires tordus de contorsions, dévorés d'ouragans de la taille de trois Terres. On voit tourbillonner des ombres polychromes, cataclysmes inouïs qui déchirent l'atmosphère. Cet orbe majestueux était jusqu'à présent un fantôme imprécis : la dérive d'un point sur la voûte stellaire. À présent elle grandit, cernée de lames circulaires, de poudres convulsées de vagues et d'effets de marée, de collisions, d'éclairs : elle apparaît dans toute sa majesté, comme un monde révélant l'effroi de ses immensités.

En s'approchant, la sonde éclaire l'horlogerie de lunes, l'emboîtement d'ellipses aux symétries mobiles : catalogue de mondes miroitant de glaciers, battus de vents interminables ; intransigeantes perfections qui flottent dans le noir, où les corps des humains se vaporiseraient sous les hautes pressions, suffoqueraient dans l'atmosphère toxique. Encelade, lacéré de fractures et criblé de geysers ; Titan, aux pôles criblés de lacs d'hydrocarbures, de nuages sanglants qui se condensent en pluies, en neiges de méthane.

Mercredi 26 août 1981[1]

Les yeux mobiles, anxieux, fixent les écrans noirs. Ils ignorent ce qu'ils cherchent, ils ne comprennent pas. La sonde répond mais ne réagit pas. Le bras n'obéit plus. Toute mesure est impossible.

Tandis qu'elle traversait le plan des anneaux concentriques, que tous les instruments guettaient la fixité des pierres, la soudaine violence d'un météore a percuté la sonde. On ne peut plus l'atteindre, on ne peut plus la contrôler. La sonde n'est plus qu'un point qui fuse à toute vitesse, un arc imperceptible au milieu du silence.

Les chercheurs scrutent les écrans. Les données vont revenir dans les circuits, dans les faisceaux de câbles, sous les écrans de verre. Ce n'était qu'une erreur passagère, l'anomalie va se résoudre. Ils n'osent pas sortir, de peur de rater l'instant décisif. En se croisant dans les couloirs, ils se sondent des yeux, se demandent *Alors ?*

---

1 Ce récit a été rédigé notamment à l'aide des numéros du *Voyager bulletin*, édités par le Jet Propulsion Laboratory de 1977 à 1990, qui documentent les avancées du programme *Voyager*.

Ils espèrent longtemps, des heures interminables, que ces faibles appels franchissent la pénombre, percent l'immensité, atteignent enfin le minuscule point qui dérive dans le vide. Malgré leur vitesse prodigieuse – près de trois-cent-mille kilomètres par seconde – les impulsions mettront près d'une heure quinze pour atteindre la sonde.

Après dix ans de sacrifices, alors que viennent enfin les heures inouïes de la révélation, la promesse s'efface. La sonde s'est éteinte, les espoirs conjugués s'effondrent peu à peu. Des années de travail sont perdues.

Le silence devient intolérable. On n'entend plus gronder que les machines. Les ingénieurs sentent la sonde au loin comme une partie d'eux-mêmes. Ils ne veulent pas la perdre.

Jeudi 27 août

Magnétophone en main, les journalistes se ruent sur les scientifiques. *Est-ce que l'homme marchera un jour sur Saturne? Y a-t-il de la vie à sa surface?* Sous les spots brûlants qui aveuglent l'estrade, le chef de mission avoue son impuissance. La sueur perle sur son front. Il est épuisé. Il ne dort pas depuis deux jours.

En termes mesurés, il assure que tout est fait pour sauver l'appareil. À cet instant encore les ingénieurs tâtonnent. L'équipe entière est suspendue à eux.

Pendant des mois, on avait calculé des nuées de trajectoires, des chapelets transparents de périodicités. On avait comparé tous les trajets possibles, tracé de longs bouquets de courbes, on avait estimé l'ajustement parfait. Après quatre ans d'odyssée dans le vide, la sonde avait à peine trois secondes d'avance, quarante miles de décalage avec le point de rendez-vous fixé neuf ans plus tôt. On a tout vérifié des centaines de fois. Il n'y a pas eu d'erreur.

Le soir, enfin, la plateforme répond. Le bras s'est déplacé de quelques centimètres. Résonnent des soupirs, des cris de soulagement, des applaudissements. On lance d'autres tests. Moins de trois heures plus tard, la réponse revient. La plateforme a bougé.

Vendredi 28 août

La sonde est orientée vers les étoiles-repères, on attend le signal. Chacun retient son souffle. Une rumeur monte soudain parmi les scientifiques : un arc pâle s'est tracé sur l'écran. On reconnaît les cercles purs, l'équilibre somptueux suspendu dans le vide. Le disque aigu de glace, l'emboîtement poudreux d'auréoles.

∞

La sonde réparée va parcourir une lente litanie de mondes. Se perdre longuement dans l'occulte musée des formations cosmiques. Elle frôlera des atmosphères étranges, des ceintures colossales de roches en suspension, comme de prodigieux essaims. Elle percera des étendues peuplées d'émerveillements, un long bestiaire d'étoiles.

Alors débuteront des millénaires de perte. Ne sachant où elles vont, les sondes franchiront des distances qu'on ne peut estimer. Il n'y aura plus de jours, de mois ni de saisons ; il n'y aura plus d'échelle, de distance, de grandeur. Elles ne sauront si elles vont vers le haut, ou le bas, vers le Nord ou le Sud. Elles ne sauront si elles sont en mouvement : elles sombreront dans un égarement total.

Dans environ quarante mille ans, elles approcheront d'un nouveau catalogue, d'une déclinaison de mondes. Les sondes alors auront cessé d'émettre. Les hommes auront disparu depuis longtemps. Et les sondes oubliées brûleront dans le frôlement d'une atmosphère lointaine, rejoignant un instant l'éclat d'un astre étrange.

∞

Représentons la Terre sous la forme d'un point, d'un demi-millimètre de diamètre environ.

Le soleil, alors, aurait environ 5,5 centimètres de diamètre, et lui serait distant de près de 6 mètres.

Neptune ferait 2 millimètres, et serait éloignée de 170 mètres.

α Centauri A, l'étoile la plus proche du système solaire, de taille comparable à celle du soleil, serait à distance de plus de 1600 kilomètres.

Si la Terre avait la taille d'un grain de sable, notre galaxie s'étendrait environ sur 46 millions de kilomètres. Si notre galaxie était un grain de sable, l'univers observable s'étendrait environ sur 372 mètres : environ la grandeur de l'Empire State Building. La Terre serait un minuscule atome perdu dans sa structure.

Les formidables cônes qui déchiraient le ciel, le déluge embrasé de flammes et de fumée, les quatre souffles monstrueux des moteurs épuisés, tombant dans l'atmosphère, emportant les fusées toujours un peu plus haut, jusqu'au-delà du ciel, ces propulsions inouïes n'ont permis d'avancer que d'une fraction de poussière. L'effort démesuré de tout un peuple, le déploiement complet de sa puissance technologique, n'ont réussi qu'à rayer la surface.

Dimanche 30 août

Rien de semblable n'aura lieu avant quatre ans de silence absolu, quatre ans de noir avant que *Voyager 2* n'approche d'Uranus, sphère glacée gigantesque enveloppée de nuages. Plus de trois ans supplémentaires ensuite avant qu'elle n'aperçoive l'atmosphère tourmentée de Neptune, le cercle évaporé de ses anneaux ténus.

Après neuf ans en tout, au terme du voyage, *Voyager 1* pourra saisir l'image peut-être la plus émouvante de tous les temps. Une fenêtre entièrement noire, rayée de lignes vaporeuses, obliques. Une vision de néant. D'abord, on ne voit rien. Puis en regardant mieux, on distingue bientôt un minuscule point, un pixel bleuté dans un énorme vide. Cette lueur, c'est la Terre. *A pale blue dot*, un point bleu pâle, l'image la plus lointaine de la Terre jamais photographiée.

On reçoit de plein fouet, alors, l'extrême fragilité de ce monde esseulé. Ce havre inestimable isolé dans le noir, ce paradis fugace. *C'est nous*. C'est là que nous vivons. Sur ce point minuscule se trouvent tous ceux que nous aimons, ceux que nous connaissons, tous ceux qui ont jamais vécu[1].

Les sondes égarées témoigneront longtemps de ce lointain Éden. Les astronomes y ont serti deux disques d'or gravés d'un abrégé de l'homme, d'un condensé de ce qui fut la Terre. Dans des millions d'années, des consciences fuyantes découvriront peut-être cette étrange bouteille. Ils se figureront que ces musiques, ces langues, ces images et ces bruits furent un jour l'existence de milliards d'autres êtres.

---

1 Carl Sagan, *Pale Blue dot: A Vision of the Human Future in Space,* New York : Random House, 1994.

Ils comprendront qu'ils tiennent le testament d'un monde.

Peut-être cependant qu'ils ne remarqueront pas tous nos précieux messages. Imaginons des bactéries, des méduses ou des vers ; des rongeurs ou des poulpes ; des corbeaux ou des singes. Imaginons des vies beaucoup plus exotiques, des corps inconcevables, qui découvriraient nos énigmes. Peut-être que ces êtres ignoreront le son, ou la lumière : qu'ils n'auront pas d'organes pour percevoir nos traces. Peut-être que leur temps différerait du nôtre, peut-être qu'ils vivraient à la manière de roches. Peut-être, sur leur monde, n'y aura-t-il pas de matière, pas de temps ni d'espace.

Et s'ils voient nos messages, peut-être les croiront-ils formés d'eux-mêmes, comme des rayures ou des irisations. L'intention peut ne pas faire sens à leurs âmes lointaines. Ils les laisseront mourir ; nul ne saura que l'humanité fut.

IV - ondes

1844 : les yeux de John Dalton

Dès l'âge de quatre ans, le jeune Harris commença à soupçonner qu'il ne voyoit pas dans les objets tout ce que ses camarades y voyoient. Ceux-ci distinguoient de très loin des cerises sur un arbre, où lui ne voyoit que des feuilles ; il confondait & comprenait sous un même nom des couleurs différentes, parce qu'elles lui paroissoient avoir un même éclat. Il hésitait et se trompait toujours en parlant des couleurs.

François Rozier, *Observations sur la physique*

Le 28 juillet 1844, au lendemain de la mort du savant John Dalton, son médecin incisa ses paupières, glissa sous les billes mortes un petit ustensile. Ayant tranché les nerfs optiques, il dégagea soigneusement les globes mous, gélatineux et froids. Il disséqua l'un d'eux. L'œil parut normal.

Cinq décennies plus tôt, John Dalton avait écrit que le violet, le rose, le rouge cramoisi, paraissaient à ses yeux comme des nuances de bleu. Une fleur de géranium (rose), était semblable au bleu du ciel. Une lettre cachetée de cire (rouge), un rameau de laurier (vert), de la même couleur. Un arc-en-ciel ne comportait pour lui que deux ou trois couleurs, qu'il appelait jaune et bleu ; ou jaune, bleu et violet[1]. Ses couleurs n'étaient pas celles des autres. Il ne comprenait pas que sur une plage de couleur uniforme, ses semblables nommaient des zones différentes, traçaient des frontières invisibles. Quelque effort qu'il fournisse, il demeurait aveugle à ces nuances.

De nombreuses langues n'ont pas de mot pour désigner le vert. Les langues inuite ou japonaise comporteraient plusieurs dizaines de termes pour désigner le blanc. Les frontières des couleurs, le nombre des couleurs dépendent des préjugés de celui qui regarde. Xénophane de Colophon indique qu'un arc-en-ciel est un « nuage » à trois couleurs, violet, rouge et vert. Isidore de Séville assimile ses couleurs à celles des quatre éléments : rouge du feu ; pourpre (*sic*) de l'eau ; blanc de l'air ; noir de la terre. Honorius Augustodunensis cite le rouge, le pourpre, le bleu et le vert[2]. D'obscurs commentateurs bibliques, la Genèse

1 John Dalton, « Extraordinary Facts Relating to the Vision of Colours: with Observations » (1794), *Manchester Literary and Philosophical Society, Memoirs*, 5/1, 1798, p. 28-45.

2 Xénophane de Colophon, *Fragments* ; Isidore de Séville, *De natura rerum liber* ; Honorius Augustodunensis, *De imagine mundi libri tres*, cités par Marie-Thérèse Lorcin, « L'arc en ciel au XVIIIe siècle », in *Les Couleurs au Moyen Âge*, Aix-en-Provence : Presses universitaires de Provence, 1988.

d'Évrat, la Bible de Macé de la Charité, parlent d'un arc-en-ciel n'ayant que deux couleurs.

∞

La plupart des oiseaux voient les ultraviolets. Leurs yeux miraculeux perçoivent d'autres couleurs à l'intérieur de nos couleurs. Éblouis par des signes invisibles, ils voient des discontinuités interdites à nos yeux. Leurs sensations dépassent la couleur, touchent des vibrations inaccessibles. Certains serpents perçoivent les infrarouges : ils *voient*, la nuit, la chaleur de leurs proies.

Certaines espèces animales possèdent ainsi des sens supplémentaires. Les requins, les oiseaux migrateurs perçoivent les champs électromagnétiques : ils « sentent » les points cardinaux. Les cétacés identifient les proies, les obstacles, les reliefs, dans des formes acoustiques. Les taupes disposent d'un odorat stéréoscopique, et sont capables de sentir la direction d'une odeur ; le papillon *Saturnia pyri* reconnaît l'odeur des femelles jusqu'à dix kilomètres. Les animaux dits « précurseurs » sont supposés ressentir l'imminence des séismes. On les voit s'agiter, se regrouper, gémir, errer confusément. Des signes annonciateurs les alarment soudain, des terreurs sourdes les tourmentent. Soudain furieux, inquiets, aboyant comme des fous, ils fixent l'horizon alors qu'il n'y a rien ; à l'affût, les oreilles dressées, prêts à bondir, grognant alors que rien ne bouge et que l'on n'entend rien. Leurs corps miraculeux sont éblouis de notes étincelantes. Ils habitent des mondes d'une acuité surnaturelle, perçoivent des pans d'une réalité qui nous est interdite.

∞

Des tourbillons velus clignotaient dans l'air sombre. L'obscurité totale ne les dérangeait pas. Ils virevoltaient tout près du visage du savant, au-dessus de sa tête, sans se heurter aux murs, au plafond ni aux autres obstacles. Spallanzani voulut les éprouver.

> J'appliquai sur leurs paupières une boule de glu. [...] Malgré cela les chauves-souris volaient avec aisance, de nuit comme de jour, sans jamais se heurter.[1]

Le biologiste alors choisit de franchir l'abjection.

> Je décidai alors de leur ôter leurs yeux. [...] À ma stupéfaction je vis que, tant à l'intérieur qu'à l'extérieur d'une pièce, elles volaient parfaitement comme lorsqu'elles sont indemnes.

Les chauves-souris se déplacent sans voir. Elles dessinent vivement leurs volutes virtuoses, tournoient adroitement entre tous les obstacles, gobant les insectes en plein vol : elles *voient*, mais sans yeux.

---

1 Lazzaro Spallanzani, « Lettere sul volo dei pipistrelli acciecati », in *Giornale de'letterati*, XCIII, 1794, p. 120-186.

radioastronomie

Je règle le bouton de la radio. Des débris atténués sortent du crépitement, des mots brisés, crachottants, comme à demi-formés; puis la voix se dégage. Je change de fréquence: de la musique, d'autres musiques et d'autres voix, séparées par des bandes instables. Des couloirs séparés de sons, des dizaines de couloirs résonants de messages se partagent le ciel.

Lorsque j'éteins, c'est le silence. J'ai beau tendre l'oreille et regarder le ciel, je n'entends rien, ne vois rien qui bouge. Pourtant l'émission se poursuit. Dans l'air, dans l'eau, dans les parois de mon appartement, cette polyphonie de lumière invisible ne s'interrompt jamais, et je n'en perçois rien – sa fréquence est trop basse pour être perceptible.

La machine, elle, entend ce déluge de voix, cette cacophonie d'informations et de discours. Elle capte ces mouvements qui circulent dans l'air, elle s'accroche à ces lignes, à ces voix parallèles, cette simultanéité de paroles incessantes. Elle lit cette trame de voix tissées dans la lumière, ce nuage tourbillonnant d'esprits, ce cercle flottant d'âmes.

L'espace noir qui encercle le monde est un tapage sans nom de milliers de dialogues. Chacune de ces fréquences transmet son propre code, raconte sa propre vérité. Comme si chaque nuance de couleur vibrait d'informations – telle nuance de jaune, de rouge, de bleu, transmettant des actualités, des chansons à la mode, des débats politiques. Le monde tremble constamment de milliers de murmures.

∞

C'est en tournant involontairement un récepteur radio en direction du ciel que Karl Jansky, au début des années 1930, découvrit que de certaines régions du ciel déferle un rayonnement puissant, aveuglant, terrible, que nos yeux ne voient pas.

Dans le domaine radio, les astres se prolongent en couronnes invisibles, leurs éclats prolifèrent en chemins prismatiques. Il y a de longs halos de lignes, des bulles inconcevables, de puissants champs de force. Le ciel est chargé de brillances invisibles. Tout l'air clignote de pâleurs, d'étranges interférences observables en plein jour. Le Soleil est nimbé d'une auréole obscure. Parfois, une onde de choc hallucinante traverse l'atmosphère, rutile en figures mystérieuses.

Certaines étoiles à peine visibles émettent un rayonnement puissant ; d'autres, étincelantes aux yeux, ne dégagent presque rien. C'est un autre paysage, un nouveau ciel au-delà du visible.

Quelques années plus tard, à l'aide d'un imposant miroir parabolique qu'il a construit lui-même, Grote Reber cartographie degré après degré toutes ces lueurs mutiques, collectant longuement ce brouhaha d'aurores. Dans les replis du Sagittaire, du Cygne, de Cassiopée, et du Canis Major, il met à jour un fourmillement de pulsations perçantes. Il n'y a là que du noir, aucun astre visible. Pourtant ces creux sont constellés de stridences. On ne sait quels astres sombres émettent ces éclats.

Reber observe point par point cet univers second, ce cosmos obscur peuplé d'une faune imprévisible. D'autres objets sont là, superposés à ceux que nous voyons. Au-dessous d'une étoile, il y a d'autres étoiles, des univers entiers qu'on ne soupçonnait pas. Derrière la toile du ciel un autre ciel. Une excroissance énorme, nichée dans l'invisible, formée de lumière noire.

∞

Macrobe, au Ve siècle, soutient que l'univers produit une musique que nous ne percevons pas, car nos oreilles sont assourdies par le fracas énorme des planètes, comme ces peuples d'Égypte qui vivent au pied des cataractes et ne les entendent pas.

1912 : — — — — • — • — —

Les témoignages des survivants, les registres et les procès verbaux tenus sur les navires, les relevés des postes télégraphiques recèlent une image éclatée du désastre, une nuée de faits et de regards. L'histoire[1], familière, est celle de l'*hybris*, de l'inconscience des hommes : l'appétit de puissance anéanti par la nature aveugle.

22 h 25

— • — •   — — • —   — • • (CQD, « *Come quick danger* », « Venez vite, danger »)

— • • • (DE, « C'est »)

— — — — • — • — — (MGY, *Titanic*)

1 Rédigée ici d'après le livre de Samuel Halpern et al., *Report Into the Loss of the SS Titanic – A Centennial Reappraisal*, Cheltenham : The History Press, 2011.

Puis :

•••———••• (SOS)

—••• —————•—•—— ————
•—•—— —•—• ——•— —••—•
—• ——•— —•••••———••• •
••———•••—•—• ——•— —••
(« DE MGY MGY CQD CQD SOS SOS CQD »)

—•—• ——•— —•• —•—• —
—•— —•• —••• —————•—•
—— —————•—•—— —————•
—•——
(« CQD CQD DE MGY MGY MGY »)

Jack Phillips et Harold Bride, les deux opérateurs télégraphiques, jettent ces cris dans les ténèbres. Sur le pont du navire, au cœur de la panique, on voit des bris éparpillés de glace. L'iceberg s'est éloigné, perdu dans la nuit.

Les messages partent dans toutes les directions, traversent les cloisons, entourent le bateau et vibrent dans les choses. Leur désespoir implore le néant, fait trembler le silence, mais personne ne l'entend, personne ne le voit.

Les deux opérateurs scrutent le crépitement des bruits atmosphériques, les grésillements et les perturbations. Ils mettent leur espoir par-delà l'horizon et l'encre houleuse des vagues. Ils espèrent une réponse. *Crrrr... crrrrrrr...* Ils retiennent leur souffle, agités d'inquiétudes. Dans les énigmes absconses, ils croient entendre quelque chose.

∞

La Provence (MLP), *Mount Temple* (MLQ), la station de Cap Race (MCE) et *Frankfurt* (DFT) reçoivent les premiers signaux de détresse.

— • — •   — — • —   — • •   — • — •   —
— • —   — • •   — • • •   — — — — • — •
— —   — — — — • — • — —   — — — — •
— • — —

Dans de petites chambres, près de gros appareils, une poignée de reclus guettent les sifflements crachés par les machines. L'oreille en alerte, ils notent sur le vif ces remous insensés. La machine susurre les psalmodies de spectres qui parlent par son corps. Elle est la bouche d'ombre, l'oracle, la Pythie. Elle chante *Bip biiip bip bip biiip biiip...* ses codes sautillants, ses rythmes monotones.

22 h 28. L'*Ypiranga* (DYA) entend le signal de détresse : « CQD, 41°.44' N., 50°.24' O. Nous avons besoin d'aide. »

22 h 31. Le *Caronia* (MRA) reçoit un message semblable. « Nous avons besoin d'aide immédiatement. »

Au milieu de la nuit, dans le désert océanique, ils écrivent le tragique.

L'eau envahit le navire qui commence à pencher et sombre peu à peu.

22 h 38. On lance le premier canot de sauvetage, le n° 7. Il dérive lentement dans la terreur des eaux glaciales.

22 h 43. Joseph Thomas Wheat, assistant steward de seconde classe, voit de l'eau couler dans les escaliers, du pont E au pont F.

Un vacarme muet de voix s'entremêle au silence. Les navires s'interceptent, s'entendent discuter les uns avec les autres. Certains messages sont compris de travers. Beaucoup se perdent sans réponse.

22 h 50. L'*Olympic* (MKC) entend le *Titanic* (MGY) parler d'un navire qui a frappé un iceberg, mais il ne comprend pas de quel navire il s'agit, à cause des interférences.

22 h 55. Le second lieutenant Stone, du *Californian*, voit scintiller la première fusée de détresse. Le *Mount Temple* entend « MGY (*Titanic*) appelle SOS ». Le *Celtic*

(MLC) entend le *Titanic* appeler l'*Olympic* : « Nous avons besoin de secours immédiatement. »

22 h 58. Le canot de sauvetage n° 8 est lancé à l'eau.

23 h 10. Le *Titanic* donne sa position à l'*Olympic*. « Nous avons heurté un iceberg. » L'*Olympic* se trouve à 505 miles. Les signaux de détresse du *Titanic* parviennent au *Virginian* (MGN). Le *Baltic* (MBC) entend aussi le *Titanic*, mais faiblement et fortement brouillé.

23 h 15. Les énormes vaisseaux s'approchent lentement. Le *Frankfurt* (DFT) indique au *Titanic* (MGY) : « Nous allons vous rejoindre. »

La proue s'incline sous la surface. L'acier se brise dans des fracas terribles. Les dynamos sont inondées, les systèmes radio faiblissent.

23 h 45. Le *Frankfurt* demande au *Titanic* : « Est-ce qu'il y a déjà des navires près de vous ? » Pas de réponse du *Titanic*.

23 h 50. L'*Ypiranga* (DYA) entend le *Titanic* avertir qu'il est « inondé ». C'est le dernier message qu'*Ypiranga* reçoit.

23h53. Le *Birma* (SBA) entend le *Titanic* dire, « Nous ne pourrons tenir encore longtemps, MGY ». C'est le dernier message que le *Birma* reçoit du *Titanic*.

0h00. L'*Ypiranga* reçoit « Stdbi-stdbi-stdbi » (« Restez en contact, restez en contact, restez en contact »), d'une station non identifiée.

0h10. Le *Virginian* (MGN) croit entendre le *Titanic* appeler faiblement. *Mount Temple* (MLQ) entend *Olympic* (MKC), *Frankfurt* (DFT), et *Baltic* (MBC) appeler *Titanic*, aucune réponse n'est reçue.

0h18. Toutes les lumières s'éteignent. La section arrière du bateau disparaît sous la surface. La poupe se sépare du navire dans un fracas de tonnerre, et sombre dans les profondeurs. Des survivants notent l'heure : 2h20, à l'heure du navire, le 15 avril 1912. Deux heures et quarante minutes après la collision.

∞

Ils patienteront durant des heures d'angoisse, dans le noir et le froid, au milieu du néant. Désorientés, hagards, hantés par les noyés engloutis sous la glace, ils pleurent, luttent, rament dans l'onde impitoyable. Pouvant à peine distinguer l'encre de l'eau de l'encre du ciel, ils verront enfin approcher, vers 4h00 du matin, les lumières salvatrices du navire *Carpathia*, qui accueillera les sept-cent-cinq rescapés. Trois jours plus tard, le 18 avril 1912 à 10 h 30, ils atteindront New York.

le bouquet de violettes

Durant l'exil de Napoléon Ier sur l'île d'Elbe, en 1814, une estampe séditieuse circula parmi les partisans, sous l'image innocente d'un bouquet de violettes – fleur préférée de l'empereur. En l'étudiant attentivement, on constatait que les contours des fleurs traçaient, subrepticement, trois profils dans le vide : ceux de Napoléon, de Marie-Louise et François Joseph Charles, leur fils, roi de Rome. De nombreuses images de l'époque emploient ce procédé. Paysages abritant des visages embusqués, arbres aux troncs tortueux qui tracent des profils. Deux mondes cohabitent, chacun niché dans les replis de l'autre : deux faces réversibles, deux réels emboîtés. Sitôt vus les portraits clandestins, il devient impossible de les oublier : nos yeux ne voient plus qu'eux et non les fleurs, les rochers ou les branches qui perdent leur importance. Ce qu'on voyait n'est plus : l'essentiel est dans le négatif, l'envers. La vérité surgit des ombres.

L'apparence du monde est créée par le corps : le « son », la « couleur », le « parfum » ou le « goût » sont des bouillonnements de nos systèmes nerveux.

Au second siècle de notre ère, Sextus Empiricus se demandait si une pomme a bien les qualités qu'on lui prête – lisse, sucrée, douce, colorée – ou bien une seule qualité qui apparaît différemment à chacun de nos sens, comme un même objet diversement déformé par autant de miroirs.

∞

En 1865, James Clerk Maxwell démontrait mathématiquement que l'électricité, la lumière et les champs magnétiques sont une même chose. En 1905, Albert Einstein posait l'équivalence entre énergie et masse. Henri Poincaré puis Hermann Minkowski en inférèrent que le temps est composé d'espace, et l'espace de temps. En 1924, Louis de Broglie démontrait que la matière est formée d'ondes et les ondes, de matière.

Le foisonnement de l'univers est peut-être réductible à une simple racine, dont la tortueuse dispersion engendre des prodiges de multiplicité.

terra incognita

Jusqu'au XVIIIe siècle, l'homme a vécu avec l'électricité sans même le savoir. Les savants la décelaient dans le pauvre effet d'attraction d'un morceau d'ambre (*êlektron*, en grec) sur les objets voisins, dans les propriétés des pierres magnétiques. Aucun ne remarqua qu'elle formait la lumière, qu'elle saturait les corps d'un fourmillement d'influx, et constituait jusqu'à la matière même. Toute la réalité dépendait de cette force, le vaste univers était peut-être réductible à l'électricité : pourtant pendant des millénaires, nous l'avons méconnue[1].

Nous vivons peut-être au centre d'autres forces secrètes. Des rayonnements, des attractions nous traversent que nous ignorons, puisque nous n'en percevons rien.

1 Louis de Broglie, « L'électricité dans la science et la civilisation modernes », in *Revue des Deux Mondes*, 1954, p. 577-589.

∞

Pendant deux ans, sous des dômes au milieu du désert, Vera Rubin et Kent Ford ont observé des nébuleuses « H II », des trous d'épingle éparpillés dans les bras spiralaires d'Andromède. Ils ont filtré l'éclat de ces halos, reconstitué le bouillonnement du lent remous des astres. Ils ont relevé minutieusement les lignes du cyclone, tourbillon suspendu, brouillard dansant de milliards de soleils.

Ils recalculent tout des dizaines de fois. Les résultats sont impossibles. La rotation de M31 est aberrante, elle est inadmissible. Elle ne *peut pas* tourner comme cela.

D'autres mesures pourtant, sur d'autres galaxies, confirment les calculs. Toutes tournent ainsi, d'une manière qui défie la physique. Il faut donc supposer qu'une masse énorme agit, un champ de gravité d'une puissance inouïe. Une présence indétectable et monstrueuse.

Des mondes fantômes déforment le visible, pèsent sur l'univers, le défigurent sans bruit. Tout montre qu'ils sont là mais rien ne les révèle. On estime aujourd'hui que cette « matière noire » représente neuf dixièmes de la masse des galaxies. Presque tout l'univers nous est inaccessible.

∞

Dans une conférence devenue célèbre, prononcée le 27 avril 1900 devant la Royal Institution de Londres, Lord Kelvin estimait que la physique était « quasiment achevée[1] ». Deux nuages, affirmait-il, obscurcissent ce ciel presque limpide : l'expérience de Michelson-Morley ; le rayonnement du corps noir.

Or ces deux petites ombres, durant les décennies suivantes, détruiront presque toute la physique. Elles ouvriront deux mondes énormes, renverseront la science, remettront en question pratiquement tout ce qu'on croyait savoir. Il fallait tout recommencer.

Notre univers surplombe un socle de ténèbres. Notre réalité ne repose sur rien : elle est cernée d'inconcevable, de doutes et de néant.

∞

Au lieu de l'Amérique, de l'Australie, des pôles, les mappemondes médiévales reproduisaient de vagues antipodes, des vides, des *terrae incognitae* aux contours évasifs. Les érudits qui divisaient le monde en cercles climatiques, qui croyaient connaître la Terre, ignoraient

1 Lord Kelvin, « Nineteenth Century Clouds Over the Dynamical Theory of Heat and Light », in *The London, Edinburgh, and Dublin Philosophical Magazine and Journal of Science*, 6, vol. 2/7, 1901, p. 1-40, ici p. 1.

que leurs globes étaient à moitié vides. Que des immensités grouillant de peuples étranges les attendaient au-delà des océans.

Semblablement, notre cosmos est lacunaire. Notre monde est une pointe, un petit bras de terre où nous sommes coincés depuis la nuit des temps, ne voyant pas qu'à portée de nos mains s'ouvrent d'inépuisables plaines et des rivages sans fin.

1691/1891 : le grand chiffre

A Versailles, le 9 juillet 1691

Monsieur, 480 367 29 270 479 163 167 128 24 207 229 234 508 99 94 469 289 260 79 152 194 455 270 70 22 289 368 587 523 313 522 498 574 412 68 506 503 337 93 476 116 415 42 60 345 263 63 233 76 292 145 142 385 415 526 121 470 115 31 252 124 52 471 181 422 337 127 503 117 347 501 425 119 565 453 124 116 54 327 120 79 506 538 2 584 323 363 407 300 22 147 374 580 91 578 188 70 226 412 115 83 154 47 198 412 284 305 8 318 476 9 137 172 17 313 528 152 471 96 585 99 503 22 35 24 477 553 208 500 409 263 154 119 222 88 269 251 115 420 [...]

Je suis Monsieur votre tres humble et tres affectionne serviteur

M. Louvois [1]

Une matrice de chiffres, un long tableau de nombres. Des phrases rédigées dans la prose élégante des nobles du XVIIIe, qui sur des pages entières deviennent cacophonie de nombres.

1 Lettre du marquis de Louvois au général Nicolas Catinat (Bernard Le Bouyer de Saint-Gervais, *Mémoires et correspondance du maréchal de Catinat*, vol. 2, Paris : P. Mougie, 1819, p. 299-304).

Parfois, quelques lambeaux dérivent, flottant sur cet étrange délire :

> Par ce que vous me mandez, 14 345 510 29 34 357 137 219 475 24 109 125 198 [...] 311 60 117 104 120 149 54 68 42 35. Je ne me rebute pas de vous parler de ce qui pourrait 367 35 42 230 412 93 528 450 469 106.[1]

En 1891, le commandant Victor Gendron, qui étudiait l'histoire de la guerre de Neuf Ans (1688-1697), apporta au commandant Étienne Bazeries sept lettres codées, adressées par Louis XIV et Louvois, ministre de la Guerre, au général et futur maréchal de France Nicolas de Catinat. Ce que racontent ces lettres, personne ne le sait. Nul ne connaît les secrets protégés par ce miroir de chiffres. D'ingénieux cryptographes les ont soustraits pendant trois siècles à tout déchiffrement. On ne voit qu'une forêt de silhouettes obliques : un jardin de cauchemar, difforme et monstrueux.

∞

Bazeries travaille seul. Il s'abîme les yeux sur les feuilles qu'il déchiffre. Les signes utilisés au long des sept lettres – cinq cent quatre-vingt-sept, en tout – l'orientent vers un cryptage des syllabes. L'alphabet français comporte vingt-six lettres, qui peuvent être

---

1 Lettre du 24 août 1691 de Louis XIV au général Nicolas Catinat (*ibid.*, p. 312-313).

réduites à une vingtaine si l'on exclut les moins utilisées (k, w, y, z…). Les syllabes, en revanche, se comptent par centaines. Il lui faut, un à un, épuiser ces chemins. Extraire, syllabe après syllabe, cette vertigineuse anthologie d'énigmes.

Il doit avant toute chose inventorier les nombres.

> Le groupe le plus employé était 22 existant 187 fois.
>
> Venaient ensuite les groupes :
> 124 existant 185 fois
> 42 existant 184 fois
> 341 existant 145 fois
> 125 existant 127 fois[1]

Ces nombres indiquent à l'évidence les mots et les syllabes les plus fréquents dans le discours : *le*, *la*, *les*, *de*, *des*, *du*, *au*, *il*, *et*, *vous*, *que*, *pour*, *en*, *ne*, *ra*, *re*, etc. Bazeries en relève les régularités. Il est d'une importance cruciale de repérer ces suites, qui induiront chaque fois le même mot ou le même membre de phrase.

Dans le magma de chiffres, le commandant repère ainsi quelques incantations, des chaînes récurrentes :

1 Émile Burgaud, Étienne Bazeries, *Le Masque de fer, révélation de la correspondance chiffrée de Louis XIV*, Paris : Firmin-Didot, 1893, p. 261.

102 300 455 180
102 013 455 180
102 565 455 180

Ou bien :

086 116 434 255 584
086 116 434 255 584
086 116 434 255 120

Il faut dès lors chercher des prises où glisser quelques doigts, dégager des appuis pour se hisser un peu. De là, chercher une autre prise, palper aveuglément. Tâtonner longuement l'invincible paroi, sans rien voir à l'avance, sans savoir où l'on va.

Bazeries a relevé qu'un groupe revenait souvent :

124 22 146 46 469
124 22 125 46 574
124 22 125 46 120
124 22 123 46 584
124 22 123 46 345

Sans doute s'est-il aventuré à des pistes sans nombre, risquant de mouvantes successions de lettres.

124	22	123	46	345
ba	ta	i	llon	s
Sa	Ma	je	s	té
ga	r	ni	son	s
o	r	do	nner	à

Il a testé ces hypothèses dans le reste du texte, substituant méthodiquement ces groupes, mettant au jour d'autres éclats de mots. Il s'appliquait à triturer les chiffres, les décortiquant maladivement pour trouver d'autres prises. Il pataugeait dans ce terrain mouvant, grimpait sur cet empilement de conjectures, ce haut château de lettres.

La paroi glisse sous ses mains. Des milliers de chemins s'entrouvrent et se referment. Il s'aventure dans ces perplexités. Il progresse lentement, déployant une patience infinie.

Un des risques était de rencontrer la solution et de ne pas la voir. De s'engager sur la bonne voie et de rebrousser chemin avant de l'avoir compris.

Sur son bureau, les pages prolifèrent. Des cahiers de travail, d'innombrables feuillets parsemés de matrices et tourmentés de tables, des murmures démembrés, des lignes interminables.

Bazeries s'égarera trois ans dans cette forêt de conjectures, tâtonnant longuement ces miroirs déformés. Trois ans de nuits tenaces, de combat silencieux, trois ans de solitude.

Néanmoins, Bazeries croit comprendre que 124 22 146 46 469, et ses variantes, traduisent « les ennemis ». Il creuse patiemment ce chemin prometteur. D'autres cristaux se révèlent alors et Bazeries en exhume les splendeurs. Un énoncé surgit syllabe après syllabe. Quelque chose de vivant s'extrait de ce tas de poussière. Une voix, une intention émerge, sourd du chaos de nombres.

Le code est truffé d'illusions. Les débuts des dépêches sont déguisés par des séries de signes nuls, qui ne traduisent rien. Les syllabes et les lettres les plus employés sont traduites par des nombres variables. Certains mots sont chiffrés tantôt par un nombre qui les représente, tantôt brisés en suites de syllabes. Des nombres enfin sont employés pour annuler le précédent, pour corriger une erreur du chiffreur, ou pour gêner, contrarier les recherches.

Bazeries démasque ces pièges, traque ces faux indices, dissipe les mirages. Avec une extrême minutie, il dénonce les leurres, confond les impostures. Il ouvre l'unique voie possible, débrouille ce dédale sans lumière et sans ordre. « Le monde est plein d'impostures et de suppositions.[1] »

Face à sa table, c'est une première victoire intime. Une incomparable joie, un sentiment de puissance. Il lit les lettres déchiffrées : il est question de mouvements de troupes, de désertions, de fuite. De pauvres faits banals, de politesses ineptes. Le texte est un tissu de platitudes, de lassants protocoles. Ces pages cryptées n'abritent que du vent.

1 *Lettres de feu M. de Balzac à M. Conrart*, Paris : Augustin Courbé, 1659, livre I, lettre 6, 20 mai 1649.

Bazeries connaît ce genre de texte : il n'y a là qu'un mirage, un écran de fumée. Son seul objet est de tromper le déchiffreur, de l'égarer dans la fausse croyance qu'il a percé le code. Plus loin, plus profond, doit être un texte plus concis, plus simple, mais autrement précieux, suprême diamant enchâssé dans la roche.

Vers 1499, l'abbé Johannes Trithemius conçut un manuel complet de cryptographie, qu'il camoufla sous l'apparence d'un faux traité magique. Le lecteur ignorant ne s'aperçoit de rien. Mais qui connaît la clé y lit tout autre chose : le livre se métamorphose, il se retourne comme un gant.

Près de deux siècles plus tard, Claude Comiers suggère de dissimuler le message chiffré dans de fausses lettres de compte, ou de faux inventaires :

> Monsieur vous devez de comptes arrêtés.......... 4110 liv.
> Plus payé par votre ordre à un Monsieur.....2030.16 .s. etc.[1]

dans lesquels tout le texte n'est qu'un enrobage inutile aux chiffres, qui contiennent le message.

D'audacieux occultistes ont repéré des suites de lettres équidistantes dispersées dans la Bible, y révélant des prophéties vertigineuses, contenant les secrets de toute l'Histoire du monde.

1 Claude Comiers, *L'Art d'écrire et de parler occultement et sans soupçon*, Paris : Michel Guerout, 1690, p. 109.

Au IVe siècle avant notre ère, Énée le Tacticien propose d'envoyer, parmi d'autres objets, un livre empli de choses insignifiantes, banales, dont on marquera certaines lettres de points ou de piqures imperceptibles. Ces lettres seules constituent le message. Il faut percer l'énigme, trouver les anagrammes. Il y a peut-être, dans le texte, un indice caché qui manifeste la nature du code, qui révèle la clé de ce second cryptage. On peut aller plus loin. Il reste à retirer l'écorce.

∞

Bazeries a peut-être creusé plus loin vers la racine. Il a peut-être découvert un second texte enfoui dans le premier. Il s'est peut-être demandé si ce texte second n'abritait pas à son tour un troisième, un quatrième, et d'autres textes à l'infini, les textes emboîtés formant un escalier sans fin, une spirale de textes descendant lentement vers une solution toujours inatteignable.

Chaque phrase contient essentiellement toutes les phrases possibles. N'importe quelle parole peut dévier vers toutes les paroles possibles, proliférer en d'infinis délires. Le texte de départ est parfaitement indifférent. Chaque texte a le pouvoir de générer tous les textes possibles. Les mots que l'on a sous les yeux sont comme neutralisés par leurs doubles implicites. Le regard ne lit plus, il ne se fixe plus. Il ne peut s'empêcher de chercher d'autres textes abrités dans le texte, embusqués derrière lui[1]. Ces clones cachés en lui, qui attendent en lui, inépuisable horde de copies tapies entre ses lettres. On ne voit plus les mots. On ne peut plus les lire. On voit à travers eux par transparence, vers d'autres mots également transparents, un palais de miroirs qui se démultiplient, qui se défont sans fin, se brisent en reflets.

La théologie musulmane enseigne que tous les livres sont des réfractions d'un unique archétype, la « mère des livres » (*Omm al-kitab*). La matrice immuable, le support intangible de la voix de Dieu. Il n'y a qu'un texte, mais infini. Il contient tous les textes, il est un labyrinthe illimité de textes. Il porte la rumeur des discours des humains depuis l'éternité, foule de voix simultanées parlant sous la surface. Il abrite tous les mots jamais prononcés, toutes les pensées jamais formées dans le secret des âmes. Il est une clé illimitée, un milliard de portes ouvertes sur elles-mêmes.

∞

Dans « La bibliothèque de Babel », Borges imaginait une vertigineuse archive aux salles hexagonales, creusée de puits de livres aléatoires contenant toutes les combinaisons de caractères possibles. Au milieu

1 Oulipo, *Atlas de littérature potentielle*, Paris : Gallimard, 1988, p. 88 (Harry Mathews).

d'une profusion démesurée de livres énigmatiques, formés de caractères sans ordre, on trouverait

> le catalogue fidèle de la Bibliothèque, des milliers et des milliers de catalogues mensongers, la démonstration de la fausseté de ces catalogues, la démonstration de la fausseté du catalogue véritable, [...] le récit véridique de ta mort.[1]

On y trouverait tous les récits et toutes les pensées que produira l'humanité jusqu'à son extinction, toute l'Histoire de l'univers archivée au milieu du hasard. Chacun des livres multiplié en horde de jumeaux difformes, de sosies ambigus, copies exactes à quelques lettres près, à quelques phrases près.

Il y a, au creux des mots, un nombre illimité d'histoires. Des histoires sans auteur, sans intention, sans titre. Tous les textes sont là, déjà présents. Comme les nuages, les roches, prennent parfois spontanément des formes d'animaux, de visages, de silhouettes, l'obscure combinatoire des lettres génère des phrases illimitées, un nombre indéfini de textes sans auteur. Le texte originel est comme l'univers, une matière informe où se génèrent des mondes. Il est le magma primordial, bouillonnement de particules où naissent les galaxies, les astres.

---

1 Jorge Luis Borges, « La bibliothèque de Babel », *Fictions*, dans *Œuvres complètes*, vol. 1, *op. cit.*, p. 494.

Vladimir Propp (*Morphologie du conte*) observe que dans les contes slaves, il existe une diversité presque infinie de personnages et de noms, mais des types de relations, d'actes, des séquences d'action très restreintes et conventionnelles. La création d'un conte, en somme, se résume à une combinatoire élaborée sur quelques caractères, situations, séquences de gestes et d'événements prédéfinis.

Écrire consiste à décréter arbitrairement quelques poignées de circonstances, puis à faire jouer des mécanismes prévisibles. Il n'y a pas d'auteur, mais simplement un jeu combinatoire d'idées et de faits.

Je crois écrire un təxte : je ne fais que copier des
phrases quɨ étaıent déjà lå, gravées à l'iŋtérıeur des
lettres. Les caractères avaıeɲt, ðepuɨs la ɲuit des
temps, eŋgendré ma peɴsée, généré mılle varɨaŋtes
des phrases quı sortent de ɯa plume.
Ce texte existait quelque part avaɲt que je l'écrɨve.
Ces phrases ɯêŋes que je tracee xalt é,àl'ı ŋs
tantŋ êɯ eөùje le ƨım a giɴe ,giʃ ɐ ɨen te ŋtrele⅂ɯo
tsɗ epu ısdəs mı lléꟿʊi reʃ, auxcôɬé ƨd'uɲenʊée
ȣevɷrieŋte⅂Ƿlʉ ʃco ɴcı seƨ,pl uʃeɟ fɨ cɒce s ,Ƿlʉs
peɭcʊɬɒŋ te⅂,pl uƨc la ɯeʃ, Ƿ lʊʃpreɟ oɲɗes. lꞁeɴ ɛx
isꞁe ɷuƨ Ⅎɨðe ʃglo⅂es ɯɟ eɭɯ ıŋʌbles ,Δɚ ʃcөɯŋɘ ŋꞁ
ɐıɹe ƨʃɒnsfıŋ .Jɘ⅂ı gn ɛdɚ ɯɸɴ ꟿomce qʉɨvıꞁųɸ ʁʃȣ
eŋө i,q ʊineɯ'a Ƿpɷɹʉe ŋꞁpɐƨ .Jeɼ ɛc oǷɨɘʃɒɲ sɟındɕ
ƨꞁe ꞁꞁɹɘsıꞁe ɴtiqu ɜʃ, ʁe cyclɜɨŋfı ɲımeŋꞁꞁ 'ɯɟɸʊcყʌ
blɚɐɼ cɧɘꞁy pɛ.Tөʉꞁeꝥɒ ɹoꞁɜɛʃꝉɒɲɘ citɒꞁ ıɸn,uŋe ʁɘpɜ
ꞁɨꞁı ᴏɴ.On ŋ ɘcɹéɘj ɷɯʌɾꞀ iɛn.

Remerciements

Je tiens tout d'abord à remercier Anne Bourguignon pour son regard à la fois bienveillant et exigeant, son enthousiasme et ses précieux conseils, et pour la confiance qu'elle a bien voulu m'accorder. Merci également à Alicia Kalafate pour son travail précis et rigoureux sur le manuscrit. J'exprime toute ma gratitude à Thibaud Maczka Hervier et Jeanne Borensztajn pour nos nombreux échanges et discussions, pour leurs idées et leurs encouragements. Enfin, et surtout, merci à Anaïs pour son soutien indéfectible et sa présence à mes côtés.

Table des matières

Bibliographie

Les Couleurs au Moyen Âge,
Aix-en-Provence : PU de Provence, 1988.

Histoire de l'Académie royale des sciences,
Paris : Imprimerie royale, 1773.

Journal des scavants, 20 décembre 1666.

« Kim Peek: Savant Who Was the Inspiration for the Film Rain Man », *The Times*, 23 décembre 2009.

D'AQUIN Thomas, *Somme théologique*, vol. 1,
trad. F. Lachat, Paris : Louis Vivès, 1854.

ARISTOTE,

Du Ciel, trad. Jules Barthélemy Saint-Hilaire,
Paris : A. Durand, 1866.

Physique, vol. 1, trad. Jules Barthélemy Saint-Hilaire,
Paris : A. Durand, 1862.

DE BALZAC Jean-Louis Guez, *Lettres de feu M. de Balzac à M. Conrart*, Paris : Augustin Courbé, 1659.

BAZERIES Étienne, BURGAUD Émile,
Le Masque de fer, révélation de la correspondance chiffrée de Louis XIV, Paris : Firmin-Didot, 1893.

BERKELEY George, *A Treatise Concerning the Principles of Human Knowledge*, Dublin : Aaron Rhames, 1710.

BERTHOLLET Claude-Louis, DE FOURCROY Antoine-François, GUYTON DE MORVEAU Louis-Bernard, LAVOISIER Antoine, *Méthode de nomenclature chimique*, Paris : Cuchet, 1787.

BOAS Franz, « On Alternating Sounds », in *American anthropologist*, 2, 1889.

BORGES Jorge Luis,

Œuvres complètes, vol. 1, éd. Jean-Pierre Bernès, Paris : Gallimard, La Pléiade, 1993.

Œuvres complètes, vol. 2, éd. Jean-Pierre Bernès, Paris : Gallimard, La Pléiade, 2010.

BRETON André, *Nadja*, Paris : Gallimard, 1964.

DE BROGLIE Louis, « L'électricité dans la science et la civilisation modernes », in *Revue des Deux Mondes*, 1954.

BRUNO Giordano, *L'Infini, l'univers et les mondes*, trad. Bertrand Levergeois, Paris : Berg international, 1992.

CARRIERE Jonathan S. A., CHEYNE James A., SMILEK Daniel, « Absent-mindedness: Lapses of Conscious Awareness and Everyday Cognitive Failures », in *Consciousness and Cognition*, 15, 2006.

CASSINI César-François,

Description géométrique de la France, Paris : J.-Ch. Desaint, 1783.

Avertissement ou Introduction à la carte générale et particulière de la France, s.n., c. 1700-1800.

CATINAT Nicolas, *Mémoires et correspondance*, vol. 1, éd. Bernard Le Bouyer de St Gervais, Paris : Jeunehomme-Crémière, 1819.

de Chateaubriand François-René, *Génie du christianisme*, vol. 1, Paris : Migneret, 1802.

Cicéron, *L'Amitié*, trad. A. Legouëz, Paris: Hachette, 1850.

Comiers Claude, *L'Art d'écrire et de parler occultement et sans soupçon*, Paris : Michel Guerout, 1690.

de Cues Nicolas, *L'Icône ou La Vision de Dieu*, trad. Hervé Pasqua, Paris : PUF, 2016.

Dällenbach Lucien, « Mise en abyme », in *Encyclopædia Universalis* [en ligne : www.universalis-edu.com], consulté le 18/1/2022.

Delacroix Eugène, *Journal*, vol. 2, éd. Paul Flat, René Piot, Paris: Plon, 1893.

Descartes René,

La Dioptrique, Leyde : Ian Maire, 1637.

Principes de la philosophie, trad. Claude Picot, Paris : Henry Le Gras, 1647.

Correspondance avec Arnauld et Morus, trad. Geneviève Rodis-Lewis, Paris : Vrin, 1953.

Diderot Denis, Le Rond d'Alembert Jean,

Encyclopédie, vol. 7, Paris : Briasson, David l'aîné, Le Breton, Durand, 1757.

Encyclopédie, vol. 10, Neufchastel : Samuel Faulche & compagnie, 1765.

Digges Leonard et Thomas, *A Geometrical Practise, Named Pantometria*, Londres : Henrie Bynneman, 1571.

Diogène Laërce, *Vies et doctrines des philosophes*, trad. sous la direction de Marie-Odile Goulet-Cazé, Paris, 1999.

Edgar Clay C., « If Earth Was a Grain of Sand », in *Medium* [en ligne : www.medium.com], 19 juin 2018.

Enée le Tacticien, *Poliorcétique (Traité sur la défense des places)*, in *Mémoires de la Société d'émulation du Doubs*, IV, 6, 1870-1871, Besançon : Imprimerie de Dodivers et Cie, 1872.

Épicure, *Lettre à Hérodote*, éd. Heinz Wismann, Jean et Mayotte Bollack, Paris : Minuit, 1971.

Ford W. Kent, Jr., Rubin Vera C., « Rotation of the Andromeda Nebula from a Spectroscopic Survey of Emission Regions », in *The Astrophysical Journal*, 159, 1970.

Galileo Galilei, *Sidereus nuncius*, Venise : Tommaso Baglioni, 1610.

de Girardot Auguste, *Cartes géographiques de l'ancien Berry*, Moulins : impr. de P.-A. Desrosiers, s.d..

Gödel Kurt, « An Example of a New Type of Cosmological Solutions of Einstein's Field Equations of Gravitation », in *Review of Modern Physics*, 21, 1949.

Gooddy William, *Time and the Nervous System*, New York, Londres : Praeger, 1988.

Gould Stephen J., *Darwin et les grandes énigmes de la vie*, Paris : Seuil, 1997.

Hafele Joseph C., Keating Richard E., « Around-the-World Atomic Clocks: Observed Relativistic Time Gains », in *Science*, 177/4044, 1972.

Hallé Francis, *Éloge de la plante*, Paris : Seuil, 1999.

Hooke Robert, *Micrographia*, Londres : Jo. Martyn, Ja. Allestry, 1665.

JANSKY Karl G., « Electrical Disturbances Apparently Of Extraterrestrial Origin », in *Proceedings of the Institute of Electrical and Electronics Engineers*, 86/7, 1998.

LAGALLA Julius Cæsar, *De Phoenomenis in orbe lunae novi telescopii,* Venise : Vol. Balionum, 1612.

LAPLACE Pierre-Simon,
Essai philosophique sur les probabilités, Paris : Courcier, 1814.

LAVOISIER Antoine,
Œuvres, vol. 2, Paris : Imprimerie impériale, 1862.
Traité élémentaire de chimie, Paris : Cuchet, 1789.

LE BOUYER DE SAINT-GERVAIS Bernard,
Mémoires et correspondance du maréchal de Catinat, vol. 2, Paris : P. Mougie, 1819.

LECLERC Georges-Louis (comte de Buffon),
Histoire naturelle, vol. 2, Paris : Imprimerie Royale, 1749.

LEIBNIZ Gottfried Wilhelm,
Œuvres philosophiques de Leibniz, vol. 1, éd. Paul Janet, Paris : Félix Alcan, 1900.

LEIRIS Michel, *L'Âge d'homme*, Paris : Gallimard, 1939.

LOCKE John, *Essai sur l'entendement humain*, Paris : Vrin, 2001.

LINGS Martin, *Un Saint soufi du XXe siècle*, Paris : Seuil, 1990.

LORD KELVIN, « Nineteenth Century Clouds Over the Dynamical Theory of Heat and Light », in *The London, Edinburgh, and Dublin Philosophical Magazine and Journal of Science*, 6, vol. 2/7, 1901.

LUCRÈCE, *De la nature des choses*,
trad. M. Nisard, Paris : Firmin Didot, 1868.

Luria Aleksander, *L'Homme dont le monde volait en éclats*, trad. Fabienne Mariengof et Nina Rausch de Traubenberg, Paris : Seuil, 1995.

Mackworth Norman H., « The Breakdown of Vigilance during Prolonged Visual Search », in *Journal of Experimental Psychology*, 1/1, 1948.

Macrobe, *Commentaire au Songe de Scipion*, vol. 2, éd. Mireille Armisen-Marchetti, Paris : Belles Lettres, 2003.

Mai Nur, Von Cramon D. Yves, Zihl Josef, « Selective Disturbance of Movement Vision after Bilateral Brain Damage », in *Brain*, 106/2, 1983.

Malebranche Nicolas, *De la Recherche de la vérité*, vol. 1, Paris : André Pralard, 1674.

Marey Étienne-Jules, Muybridge Eadweard, « A Horse's Motion Scientifically Determined », in *Scientific American*, 19 octobre 1878.

Nollet Jean Antoine, *Leçons de physique expérimentale* (1743), vol. 5, 7e éd., Paris : Guérin & Delatour, 1755.

O'Keefe Michael A., « The NCEM One-Ångstrom Microscope Project Reaches 0.89Å Resolution », in *Microscopy and Microanalysis*, 6(S2), 2020.

Oulipo, *Atlas de littérature potentielle*, Paris : Gallimard, 1988.

Ozanam Jacques, *Récréations mathématiques et physiques*, vol. 2, Paris : Jean Jombert, 1694.

Pascal Blaise, *Pensées*, éd. Dominique Descotes et Gilles Proust [en ligne : www.penseesdepascal.fr/].

Pfister Oskar, « Mental States in Mortal Danger » (1930), traduit par Russell Noyes, Roy Kletti, in *Essence*, 5/1, 1981.

Philon d'Alexandrie, *Commentaire allégorique des saintes lois*, trad. Émile Bréhier, Paris : Alphonse Picard et fils, 1909.

Platon, *Œuvres complètes*, vol. 10, trad. Albert Rivaud, Paris : Les Belles Lettres, 1925.

Pline l'Ancien, *Histoire naturelle*, trad. Stéphane Schmidt, Paris : Gallimard, La Pléiade, 2013.

Plutarque, *Œuvres morales*, vol. 4, trad. D. Ricard, Paris : Lefèvre, 1844.

Privat de Molières Joseph, *Leçons de physique*, vol. 2, Paris : 1745.

Rips Eliyahu, Rosenberg Yoav, Witztum Doron, « Equidistant Letter Sequences in the Book of Genesis », in *Statistical Science*, 9/3, 1994.

Royce Josiah, *The World and the Individual*, Londres : Macmillan & co., 1923.

Rozier François, *Observations sur la physique, sur l'histoire naturelle et sur les arts*, Paris : Cuchet, 1779

Russell Bertrand, *The Analysis of Mind*, Londres : George Allen & Unwin, 1921.

Rutherford Ernest, « The Scattering of α and β Particles by Matter and the Structure of the Atom », in *Philosophical Magazine*, 6/21, 1911.

Sabom Michael B., « The Acute Dying Experience », in *Journal of Near-Death Studies*, 26/3, 2008.

SACKS Oliver, *The River of Consciousness*, New York, Toronto : Alfred A. Knopf, 2017.

SAGAN Carl,

The Dragons of Eden, New York : Random House, 1977.

Pale Blue Dot: A Vision of the Human Future in Space, New York : Random House, 1994.

SAINT AUGUSTIN, *Confessions*, trad. Péronne et Écale remaniée par P. Pellerin, Paris : Nathan, 1998.

SEXTUS EMPIRICUS, *Esquisses pyrrhoniennes*, trad. Pierre Pellegrin, Paris : Seuil, 1997.

TREFFERT Darold A., « The Savant Syndrome: An Extraordinary Condition. A Synopsis: Past, Present, Future », in *Philosophical Transactions: Biological Sciences*, 364/1522, 2009.

TWAIN Mark, « Was the World Made for Man? » (1903), *What Is Man?: And Other Philosophical Writings*, éd. Paul Baender, Berkeley, Los Angeles, Londres : University of California Press, 1973.

VAN HELMONT Jean-Baptiste, *Œuvres traittant des principes de médecine et de physique*, trad. Jean le Conte, Lyon : Jean-Antoine Huguetan ; Guillaume Barbier, 1670.

DES VIGNOLES Alphonse, *Chronologie de l'Histoire sainte*, Berlin : Ambroise Haude, 1738.

DE WAARD Cornelis, *De Uitvinding der verrekijkers*, La Haye : De Nederl. Boek- en steendrukkerij, 1906.

WELLS Herbert G.,

The Time Machine, Londres : William Heinemann, 1895.

Références iconographiques

p. 23 : Tache de moisissure observée au microscope. D'après Robert Hooke, *Micrographia*, Londres : Jo. Martyn, and Ja. Allestry, 1665 © Wikimedia commons

p. 36 : « Chimie, laboratoire et table des rapports », Denis Diderot, *Encyclopédie*, Planches, vol. 3, Paris : Briasson ; David ; Le Breton, 1765 © Wellcome Collection

p. 56 : Eadweard Muybridge, *Allure des animaux. Recueil de photographies prises au Haras de Palo-Alto en Californie*, Londres : Muybridge, 1881 © Wikimedia commons

Collection *Guide anachronique*

Pascal Bonafoux, *Guide anachronique de Rome, À l'usage de ceux qui se demandent pourquoi elle est la seule « Ville éternelle »*, 2023

Élisabeth Foch-Eyssette, *Guide anachronique de la neige*, 2023

Allen S. Weiss, *Guide anachronique de Kyoto*, 2023

ACHEVÉ (CROIT-ON?) D'IMPRIMER
EN JANVIER 2024
SUR LES PRESSES DE
LA NOUVELLE IMPREMERIE
LABALLERY
À CLAMECY, YONNE

Numéro d'édition : 1365
Numéro d'impression : 312800
Dépôt légal : février 2024
Imprimé en France